学芸員の現場で役立つ基礎と実践

博物館資料保存論

第2版

石﨑武志 〈編著〉
Ishizaki Takeshi

執筆者一覧

石﨑　武志（編者）　東京文化財研究所名誉研究員、東京芸術工科大学客員研究員
　　　　　　　　　　（第1章、2.1節）

稲葉　政満　東京藝術大学名誉教授　（3.2.1、3.2.2項）

井上　敏　桃山学院大学経営学部　教授　（第4章）

神庭　信幸　東京国立博物館名誉館員　（3.3節）

木島　隆康　東京藝術大学名誉教授　（3.2.3項）

桐野　文良　東京藝術大学名誉教授　（3.1節）

園田　直子　国立民族学博物館名誉教授　（2.4節）

成瀬　正和　元 宮内庁正倉院事務所　（2.5節）

日髙　真吾　国立民族学博物館 教授　（2.6節）

藤原　工　株式会社灯工舎 代表取締役　（2.2節）

呂　俊民　元 東京文化財研究所　（2.3節）

（五十音順。かっこ内は担当部分）

まえがき

　本書の初版が出版されてから 12 年が経過し、その間、文化財保護法や博物館法の改正、博物館資料調査法の新たな進展などがありました。それに伴い内容を新しくし、改訂版を出版するはこびとなりました。さらに、図や写真をカラーで掲載し、多くの関連する写真などを追加いたしました。

　大学における学芸員の資格認定において、博物館における資料保存およびその保存・展示収蔵環境を科学的にとらえ、資料を良好な状態で保存していくための知識を習得することの重要性が認識されるようになりました。そして、平成 21 年 4 月 30 日に博物館法施行規則の一部が改正され（平成 24 年 4 月より施行）、博物館学に関する科目として新たに博物館資料保存論の 2 単位が必要とされるに至りました。

　博物館資料保存論が扱う内容としては、博物館における資料保存の意義、資料の保全（資料の状態調査、資料の修理・修復、資料の梱包と輸送）、博物館資料の保存環境（資料保存の諸条件とその影響、生物被害と IPM、災害の防止と対策、伝統的保存方法）、環境保護と博物館の役割（エコミュージアムなど）といった項目があげられています。現在までに、これらの項目を網羅したテキストは出版されていないので、この度、それぞれのテーマに関して第一線で活躍している研究者に執筆を依頼し、本書を刊行することになりました。

本書の特徴

　本書の執筆にあたっては、なるべく図や表を多く入れ、専門用語には説明を入れて理解しやすいように工夫をしました。また、すでに忘れてしまったと思われる項目に関しては、復習という項目で平易な説明を加えました。さらに、修復現場などでの実際の状況を理解していただくために、実例という項目もあります。

本書の構成

　「第 1 章　博物館資料保存総論」では、日本の文化財保護の歴史を通して博物館における資料保存の意義を概観し、「第 2 章　博物館資料の保存環境」では、温湿度環境、光と照明、室内空気汚染、生物被害、伝統的保存方法、被災防止などを説明します。第 1 章および第 2 章の温湿度環境の部分は、石﨑が執筆しています。光と照明は、照明デザイナーの藤原工氏、室内空気汚染は元東京文化財研究所の呂俊民氏、生物被害は、国立民族学博物館の園田直子氏が総合的有害生物管理（IPM）の話を中心に執筆しています。伝統的保存方法に関しては、元正倉院事務所の成瀬正和氏が、曝涼の話など正倉院での活動を中心に執筆し

iii

ています。災害による被災防止のところでは、東北地方太平洋沖地震の文化財レスキュー活動を中心となって進めた国立民族学博物館の日髙真吾氏が、被災した博物館資料の救援活動などを執筆しています。「第3章　資料の保全」では、東京藝術大学の桐野文良氏が、資料の状態調査による現状把握として、さまざまな測定機器による資料の調査法について実例を入れて執筆しています。また紙資料の修復・修理は、修復の基本的な考え方に続き、実際の修復の方法について装潢作品の実例を示しながら東京藝術大学の稲葉政満氏が説明しています。油彩画の修復は、同じく東京藝術大学の木島隆康氏が執筆しています。ここでは油彩画の構造に関する基礎的な知識をはじめ、修復手法が詳しく紹介されています。資料の梱包と輸送は、東京国立博物館の神庭信幸氏が、国立博物館での展覧会の際に行われたドラクロワ「民衆を導く自由の女神」の輸送を実例として紹介しています。最後の「第4章　ひろがる博物館の役割」では、桃山学院大学の井上敏氏がエコミュージアムについてフランスと日本の実例を交えて執筆しています。

　最近は、地球温暖化による気温の上昇や地域的な降水量の増加により、文化財の展示収蔵施設でのカビ発生などの問題が増えています。また、生物被害対策のために使われる燻蒸剤に関しても、適切なものを使わなかったために、絵画の顔料が化学変化により変色してしまったという事故例も報告されています。このような事故を未然に防ぐためにも、学芸員を目指すみなさんには、博物館資料保存に関する基礎的な知識を十分に身につけていただくことが重要であると考えます。また本書の災害防止のところでは、被災した博物館資料の救援活動を中心に説明しています。今後、予想される大災害に適切に対処するためにも、学んでおいていただきたいと思います。

　現在、日本の博物館・美術館などの数は4,000を超えるといわれ、これらの施設で文化財が広く公開されています。貴重な文化財の公開・活用と維持・保存とを両立するためには、個々の文化財の特性に応じた取り扱いと展示収蔵環境に関する的確な知識が必要です。大学生のみではなく、博物館・美術館・図書館などで実際に資料保存に関係されている方々にも、本書を読んでいただければ幸いです。

2024年9月　　　　　　　　　　　　　　　　　　　　　　石﨑　武志

　本書では、博物館資料の保存について説明していますが、対象とする資料には、文化財資料、図書館資料、自然史系資料を含んでいます。本書では特に問題のないかぎり、それらの資料をすべて含めたものをさして、「博物館資料」もしくは「資料」という言葉を使っています。

・本文中のURLは2024年9月時点のものです。

まえがき　iii

第 1 章　博物館資料保存総論　　1

- 1.1　文化財保護の歴史　2
- 1.2　文化財とは　5
- 1.3　文化財の材質　6
- 1.4　博物館資料の劣化要因　7
- 1.5　屋外文化財の劣化要因　13
- 1.6　文化財の保存に関する倫理　18

第 2 章　博物館資料の保存環境　　21

- 2.1　温湿度環境　22
  - 2.1.1　温度と湿度　22
  - 2.1.2　温度と湿度の測定　25
  - 2.1.3　博物館の温湿度環境　27
  - 2.1.4　湿度の制御　29
- 2.2　光と照明　34
  - 2.2.1　光の性質と影響　34
  - 2.2.2　博物館で使用される光源と照明器具　41
  - 2.2.3　美術館・博物館の照明手法　43
  - 2.2.4　博物館における光のコントロール　46
- 2.3　室内空気汚染　50
  - 2.3.1　室内汚染物質の種類と影響　50
  - 2.3.2　室内汚染物質の測定　54
  - 2.3.3　室内汚染物質の対策　58
  - 2.3.4　空調設備　60

2.4　生物被害　63
　　2.4.1　虫とカビによる被害　63
　　2.4.2　虫害対策　68
　　2.4.3　カビ対策　75

2.5　伝統的保存方法　80
　　2.5.1　曝涼　80
　　2.5.2　正倉院・正倉院宝物　81
　　2.5.3　伝統的な防虫対策　83
　　2.5.4　正倉院における現在の宝物点検　85
　　2.5.5　正倉院における現在の虫害対策　88

2.6　博物館資料の被災防止と救援活動　89
　　2.6.1　被災時の博物館資料の状況　89
　　2.6.2　被災した博物館資料の救出・一時保管　95
　　2.6.3　被災した博物館資料の応急処置　97
　　2.6.4　被災した博物館資料の整理・記録　99
　　2.6.5　被災した博物館資料の保存修復　99
　　2.6.6　被災した博物館資料の恒久保管　100
　　2.6.7　被災した博物館資料の研究・活用　101
　　2.6.8　被災した博物館資料の防災　103
　　2.6.9　各種災害に関する被害の防止と対策　104

第3章　資料の保全　109

3.1　資料の状態調査・現状把握　110
　　3.1.1　資料の材質調査　110
　　3.1.2　資料の劣化調査　123
　　3.1.3　資料の構造調査　123

3.2　紙資料の修復・修理　128
　　3.2.1　修復の基本的な考え方　128
　　3.2.2　紙資料の修復　130
　　3.2.3　油彩画の修復　140

3.3　資料の梱包と輸送　155
　　3.3.1　資料の梱包方法　155
　　3.3.2　資料の輸送方法　160
　　3.3.3　梱包と輸送の実際　164

第4章　ひろがる博物館の役割　169

4.1　地域資源の保存と活用　170
    4.1.1　地域資源の破壊　170
    4.1.2　地域資源の保存と活用の両立　171
    4.1.3　エコミュージアムとは　172
    4.1.4　フランスのエコミュージアム　175
    4.1.5　日本のエコミュージアム　178
    4.1.6　自然環境の保護　181
4.2　ひろがる博物館の役割　183

付録　年表　187
索引　188

ブックデザイン————安田あたる

vii

第1章

博物館資料 保存総論

法隆寺の焼損壁画

キーワード

文化財保護の歴史
文化財の種類
文化財の材質
劣化の要因
保存に関する倫理

1.1 文化財保護の歴史

　日本の文化財保護のスタートは、1871 年（明治 4 年）の「古器旧物保存方」の布告と考えられています。1868 年（明治元年）に神仏習合を廃止する「神仏分離令」が布告されると、全国各地でさまざまな仏堂、仏像、仏具が破壊されました。この問題に対処するために、古器旧物を保全し、品目および所有者を記載して官庁に提出するようにという布告が、太政官から出されました。保存して記載すべき古器旧物として太政官が列挙した品目は多岐にわたっており、のちに政府が文化財として指定する仏像、書画などの古美術品や工芸品だけではなく、衣食住を基本に、日常生活のさまざまな場面の器物までもが保存の対象とされました。

　1888 年（明治 21 年）には、臨時全国宝物取調局がおかれて、1897 年に取調局が廃止になるまでの約 9 年間に、合計 21 万 5,091 点の文化財が調査されました。1884 年（明治 17 年）文部省の九鬼隆一の支援を受けた岡倉覚三（天心）とアメリカから来日したフェノロサらは京都や奈良など全国の古社寺の文化財の調査を行いました。ちなみに 1889 年（明治 22 年）東京美術学校（現在の東京芸術大学美術学部）が開講し、1890 年（明治 23 年）岡倉天心は、第 2 代校長となりました。

　これらの文化財の調査をもとに 1897 年（明治 30 年）に「古社寺保存法」が制定されました。この古社寺保存法は、国宝や特建（特別保護建造物）を所持している古社寺に、修繕費として保存金を与える法律で、第 5 条では、国宝は処分また差し押さえることができないとされました。ここでいう処分とは、売買、贈与、交換、責務の担保を意味し、その処分ができないとは、宝物の移動禁止を明文化したことになります。

　なお、古社寺保存法で対象となった物件は、古社寺の建造物および古社寺の所有する宝物だけで、個人所有のものは含まれませんでした。個人所有のものが法的保護の対象となるのは、1929 年（昭和 4 年）の「国宝保存法」が制定されてからです。

文化財保護法の制定

　1949 年（昭和 24 年）1 月 26 日の法隆寺金堂の火災により、法隆寺金堂壁画が焼損しました。これをきっかけに、文化財の保護についての総合的な法律として、1950 年（昭和 25 年）に「文化財保護法」が制定されました。文化財保護法では有形文化財、無形文化財、民俗文化財、記念物、文化的景観および伝統的建造物群（町並み）の 6 分野を文化財として定義し、これらの文化財のうち重要なものを国が指定・選定・登録し、重点的に保護しています。文化財の指定・選定・登録は、現在は文部科学大臣が文化審議会に諮問し、その答申を受けて行うこととされています。指定・選定・登録された文化財については、現状変更、修理、輸出などに一定の制限が課される一方、文化庁は、有形文化財の保存修理、防災、買い上げなどや、無形文化財の伝承者養成、記録作成など、保護のために必要な助成措置を講じています。また、開発などにより保護の必要性が高まっている近代の文化財などを対象とし、上記の指定制度を補完するものとして、指定制度よりも緩やかな保護措置を講じる登録制度により、所有者による自主的な保護を図っています。

　1951 年（昭和 26 年）には「博物館法」が制定されました。2 年前の 1949 年（昭和 24 年）には「社会教育法」が、翌 1950 年（昭和 25 年）には「図書館法」が制定され、公民館と図書館の設置や運営について法的な位置づけが与えられました。こうした施設と同じく、社会教育のための機関として博物館についての法律が定められました。

　文化財の保存に関しては、科学的な研究のために、1952 年（昭和 27 年）東京文化財研究所に「保存科学部」が設置され（初代部長 関野克）、文化財の保存修復に関する科学的研究機関が組織されました。

　東京文化財研究所の紀要である『保存科学』第 1 号（1964 年）で関野は、文化財保存学は 2 つの目的をもっていると述べています。ひとつは、文化財の材質の究明と、内的外的条件によって生ずる変化および老化の現象を分析し、文化財の保存と修復に役立たせることです。もうひとつは、文化財とそれをめぐる外的条件、すなわち環境との関係を明らかにすることであって、光、温湿度、水、汚染空気、害虫、バイ菌、震動などの文化財に及ぼす影響とその防除です。この基本的な目的は、現在も変わらないと考

えられます。

　また、当時考えられていた文化財保存の研究テーマとしては、①Ｘ線、γ線による透視撮影、②古代の金属・染料・顔料などの分析、③蛍光灯の文化財に及ぼす影響、④密閉梱包についての保存処置、⑤空気汚染、⑥新薬剤による防虫・防カビ、⑦合成樹脂の応用などがあげられます。そのなかで、④密閉梱包についての保存処置に関する研究は、密閉空間の中の湿度を安定させるための調湿剤の開発研究を行ったものです。現在、美術館・博物館の展示ケース内に湿度を安定するために調湿剤が入れられていますが、この基礎的な研究が東京文化財研究所の登石らにより行われていました。

文化財保護法の改正

　文化財保護法が改正され2019年（平成31年）4月に施行されました。文化庁によると改正の目的は、文化財を支える地域社会の衰退に対応するため、文化財を社会全体で支えていく、いわば「地域総がかり」の体制をめざすとしています。改正の要点は、文化財の計画的活用と地方の文化財行政の強化を図る目的で、①文化財の総合的な基本計画として都道府県に「大綱」、市町村に「地域計画」の策定を求めること、②文化財の所有者・管理者には「保存活用計画」の策定を求めること、③これらを支援する民間の「支援団体」の活用を図ること、④自治体の文化財行政を強化するため首長部局へ文化財を移管することを可能とすることです。また、文化財の保存・活用に関して、文化財の観光活用を推進するとともに、地方創生にもつなげる方向をめざしています。

　「博物館法」も改正され、2023年（令和5年）4月に施行されました。この度の改正では、近年、博物館に求められる役割が多様化・高度化していることを踏まえ、博物館の設置主体の多様化を図りつつその適正な運営を確保するため、法律の目的や博物館の事業、博物館の登録の要件等を見直すなど、これからの博物館が、その求められる役割を果たしていくための規定の整備を行っています。

1.2 文化財とは

　文化財とは、広義では、人類の文化的な活動によって生み出された有形・無形の文化的な所産のことであり、人間が創り出したすべてのものをさしますが、一般的には文化財保護法で保護対象となっているものをさします。

　文化財保護法では、すべての文化財を、有形文化財、無形文化財、民俗文化財、記念物、文化的景観、伝統的建造物群のいずれかに分類しています。（正しくは）文化財保護法 第一章総則 第二条によると、それぞれの文化財の定義は次のように記載されています。

① **有形文化財**は、有形の文化的所産で、わが国にとって歴史上または芸術上価値の高いもの。並びに考古資料およびその他の学術上価値の高い歴史資料。

② **無形文化財**は、演劇、音楽、工芸技術その他の無形の文化的所産でわが国にとって歴史上または芸術上価値の高いもの。

③ **民俗文化財**は、衣食住に関する風俗慣習、民俗芸能およびこれらに用いられる物件でわが国民の生活の推移の理解のために欠くことができないもの。

④ **記念物**は、遺跡でわが国にとって歴史上または学術上価値の高いもの。庭園、橋梁その他の名勝地でわが国にとって芸術上または鑑賞上価値の高いもの。動物、植物および地質鉱物でわが国にとって学術上価値の高いもの。

⑤ **文化的景観**は、地域における人々の生活または生業および当該地域の風土により形成された景観地でわが国民の生活または生業の理解のため欠くことのできないもの。

⑥ **伝統的建造物群**は周囲の環境と一体をなして歴史的風致を形成している伝統的な建造物群で価値の高いもの。

　①の有形文化財ではさらに、重要なものを重要文化財に、世界文化の見地から価値の高いもので、たぐいない国民の宝たるものを国宝に指定しています。

1.3 文化財の材質

　文化財を構成する材料は、石、金属、木、紙、皮などさまざまです。また、多くの文化財は千年以上または何百年という長い年月を経た結果、劣化の程度もそれぞれ異なっています。これらの材料は、有機物と無機物に大きく分けることができます。有機物とは、タンパク質、糖質など炭素原子を含み、一般に生物活動を介してつくられるものです。木、紙、皮などは有機物です。一方、無機物とは、金属、塩類、水、石など有機物を除いたすべての物質のことをいいます。

　文化財の劣化という点からは、木、紙、皮など有機物で構成された文化財は、環境の影響に弱いといえます。例えば、これらの文化財は湿度が高い環境のもとでは、カビやバクテリアの活動が活発なので速く劣化します。また、紫外線や光などの影響により劣化しやすいといえます。一方、石や金属などの無機物で構成された文化財は比較的環境の影響には強いと考えられます。ただし、多くの文化財は、有機物や無機物の両方で構成されているため、保存の環境としては、環境の影響に弱い有機物のための保存環境を選択すべきです。現代美術では、さまざまな素材が作品に使われています。そのひとつとして、プラスチックがあります。これは非常に加工しやすく繊細な形状の作品をつくれるので、芸術家にとっては魅力的な素材です。しかし、プラスチックの寿命は短く、かつ強度も弱いという特徴があります。

　文化財の保存や修理を行う前には準備調査として、文化財を構成する材料と文化財の構造を科学的に調べる必要があります。材料調査と構造調査です。文化財の構造調査としては、X線を用いて文化財の内部構造の透視画像を得る方法があります。特に、三次元的な構造調査には、X線CT装置を用います。文化財の材質調査として、無機物に関しては、蛍光X線装置やX線回折装置を用いて元素の同定や分子構造の解析が行われています。有機物に関しては、赤外線分光法（IR）やラマン分光法など光を使って材質を同定する方法が使われています（3.1節参照）。

1.4 博物館資料の劣化要因

ここでは資料を劣化させる要因について簡単に説明します。資料は、その周囲環境の温湿度変化や光、汚染物質などさまざまな要因で劣化します（**図1.1**、**表1.1**）。空調機により温湿度制御を行っている博物館、美術館内の展示室、収蔵庫などでは、一般的に比較的湿度が安定していて資料は劣化しにくいですが、空調が不十分で空気がよどむ場所では、湿度が高くなりカビが発生することがあります。また、空調機のない神社、仏閣などでは、湿度が高くなったときにカビの発生や金属製の資料に錆が発生することなどが問題となっています。例えば、仏像の材質が木である場合、木は周囲の湿度が下がると収縮し、湿度が上がると膨張するという性質があるので、周囲の湿度変化が大きすぎると変形し、割れ目を生じることがあります。木と同様に、土や漆喰などの多孔質体と呼ばれる材料は、中に間隙（小さなすきま）があり水を含むことができるので同じ劣化現象が見られます。

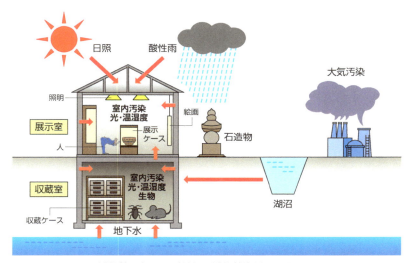

図1.1　博物館内部および外部の博物館資料の劣化要因の模式図

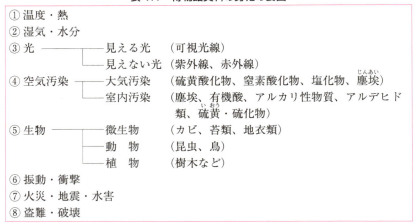

表 1.1 博物館資料の劣化の要因

　資料を長く良好な状態で保存していくためには、資料の劣化要因をできるだけ排除し、影響をなるべく小さくすることが重要です。資料を保存する環境を整えて、資料の劣化を防ぐことは、英語では preventive conservation（予防的保存）と呼ばれています。

　光は、資料を鑑賞するためには必要なものですが、強い光は染織品や版画など、光に弱いものを変色させます。特に紫外線は、波長が短くエネルギー値が高いので、資料を劣化させないための対策が必要です。

　照明に関する対策としては、まず、作品を鑑賞するのに必要のない紫外線や赤外線をフィルターなどで除去することが必要です。また光の照度は可能な範囲で低くする必要があります。資料に対する影響は、光の照度と積算時間（光を当てた時間）の積により決まるので、染織品や版画など光に弱い資料に関しては、展示期間を短くする必要があります（2.2 節参照）。

　空気中に含まれる汚染ガスは絵画の顔料などと化学変化を起こして、絵画の顔料を変色させることがあります。空気中に含まれる汚染ガスは、屋外に由来するものと屋内に由来するものがあります。屋外由来の汚染ガスとしては、海起源の海塩粒子や火山起源の硫黄酸化物や車の排気ガスによる硫黄酸化物や窒素酸化物などがあります。

　室内の建築部材や内装材から出る有機酸やアンモニアガスなどの汚染ガスも資料を劣化させる要因のひとつです。博物館・美術館を新設したとき

に、コンクリートからアンモニアガスが発生し、このアンモニアガスが、油絵の亜麻仁油を褐色に変色させることが知られています。また、収蔵庫の内装材に木材を使用したときなど、木材から有機酸が発生し、日本画の顔料が変色することが報告されています（2.3節参照）。

　材質が紙や木である資料は、虫害の影響を受けやすいので注意が必要です。2004年末に、害虫を処理するために使われていた臭化メチルが、オゾン層を破壊する原因物質であるという理由から使用ができなくなりました。このほか、さまざまな薬剤が、地球環境の問題や作業者への健康被害の懸念から使用が禁止されています。現在では、総合的有害生物管理（IPM）という考えのもと虫害対策を行うのが主流になっています。

　日本のように温暖で雨の多い地域では、資料のカビの被害も深刻な問題です。資料を展示・収蔵している空間の湿度が高くなり、さまざまな種類のカビが発生します。資料の材質が紙とか木であれば、カビの菌糸は繊維の中に入っていき、表面だけの殺菌では処置が難しくなっています。高松塚古墳（**図 1.2**）、キトラ古墳の壁画がカビの発生のため劣化したので、壁画を古墳から修理施設に移動して修理が行われていますが、カビの発生の大きな原因は、古墳内の湿度がほぼ100％と高湿度環境にあることです。ラスコー洞窟でも同様に、カビの発生が問題となっています（2.4節参照）。

　資料を輸送する際の振動などの物理的な影響も資料を劣化させる要因のひとつとなっています。このような物理的な影響を考えると、脆弱な資料はなるべく移動させないほうが望ましいと考えられますが、資料の展示公

図 1.2　高松塚古墳石室内部北壁方向の様子

開を積極的に行おうという最近の考え方から、これまでほとんど移動することのなかった資料までもが、航空機やトラックなどで運ばれるようになってきました。輸送時の振動などを科学的に調査し、なるべく振動が大きくならないような梱包や輸送の方法が研究されています（3.3節参照）。

一方、地震や水害に関しては、起こる頻度は小さくても、その影響の度合いは非常に大きくなります。地震に関しては、展示収蔵施設全体を免震装置の上に設置し、地震による振動を軽減する方法や、展示ケースを免震台の上に設置し、展示品のみの振動を軽減する方法が使われています。地球温暖化による気温の上昇に伴い、集中豪雨の頻度も高くなるという研究報告もあるように、豪雨による被害は最近増えてきており、いままで以上に注意していく必要があります。書籍などの紙資料は、水につかることにより甚大な被害を受けます。対処が遅くなるとカビなどが発生しさらに劣化は進むことになります。このような被害を未然に防ぐためには、豪雨のときに水害を受けやすい場所に展示収蔵施設をつくらないことが大切です（2.6節参照）。

国宝・重要文化財の公開に際しては、文化庁より取扱要項が定められています。公開の環境の項目では、重要文化財の公開は、塵埃、有毒ガス、カビなどの発生や影響を受けない清浄な環境のもとで行うとともに、温度および湿度の急激な変化は極力避け、**表1.2** の掲げる保存に必要な措置および環境を維持することとなっています。

また、重要文化財の所有者および管理団体以外の者による公開の際には、その許可に係る基準として、公開する施設の建物および設備が、**表1.3** の要件を満たしていなければならないとされています。

10　第1章　博物館資料保存総論

表 1.2　国宝・重要文化財の公開に関する取扱要項（一部改変）（公開の環境）

　重要文化財等の公開は、大気汚染、文化財に悪影響のあるガス、かび、じんあい等の発生や影響を受けない清浄な環境のもとで行い、展示する作品が展示の前に長期間置かれていた保存環境との大きな差や、展示室内の温度及び湿度の急激な変化が生じないようにすることに留意しつつ、次に掲げる保存に必要な措置及び環境を維持すること。

(1) 慣らし

　常時置かれてきた場所とは異なる環境に輸送したものの梱包を解く時は、24 時間程度の十分な慣らしの期間を確保すること。

(2) 展示ケース内の温度及び湿度の調整

　展示ケース内の温度は摂氏 22℃ ± 1℃（公開を行う博物館その他の施設が所在する地域の夏期及び冬期の平均外気温の変化に応じ、季節によって緩やかな温度の変動はあっても良い。）、相対湿度は 55% ± 5 %（年間を通じて一定に維持すること。）を目安とすること。ただし、金属製品の相対湿度は 50% 以下を、近代の洋紙を利用した文書・典籍類、図面類、写真類などの相対湿度は 50% から 55% 程度を目安とすること。

　なお、温度及び湿度の設定に際しては、同一ケース内に材質の異なる文化財を展示したり、展示する作品が展示の前に長期間置かれていた保存環境と大きく異なる場合などには、重要文化財等の種類及び個々の保存状態に応じて適切に判断すること。

(3) 露出展示（展示ケース外での展示）

　1 (2) に定めるもの以外の重要文化財等のうち、寸法が大きく展示ケース内に展示できないなどにより露出展示しなければならない場合は、展示室の温度及び湿度が (2) と同様になるように努め、結界等により接触防止の措置を必ず講じること。

(4) 照度

　① 照度は原則として 150 ルクス以下に保ち、直射日光が入る場所など明るすぎる場所での公開を避けること。また、特にたい色や材質の劣化の危険性が高い重要文化財等については、露光時間を勘案して照度をさらに低く保つこと。

　② 蛍光灯を使用する場合には、紫外線の防止のため、たい色防止処理を施したものを用い、白熱灯を使用する場合には、熱線（発熱）の影響を避けるよう配慮する必要があること。

　③ 紫外線や赤外線の出ない LED 照明等を使用する場合も、①の原則と同様に取り扱うこと。

　④ 写真や動画撮影に使用する照明についても、照度や露光時間については十分留意すること。

表 1.3　重要文化財の所有者及び管理団体以外の者による公開に係る博物館その他の施設の承認に関する規定（部分）（博物館等の建物及び設備に関する要件）

イ　建物が、耐火耐震構造であること。

ロ　建物の内部構造が、展示、保存及び管理の用途に応じて区分され、防火のための措置が講じられていること。

ハ　温度、相対湿度及び照度について文化財の適切な保存環境を維持することができる設備を有していること。

ニ　防火及び防犯のための設備が適切に配置されていること。

ホ　観覧者等の安全を確保するための十分な措置が講じられていること。

ヘ　博物館等の施設が同一の建物内で他の施設（商業施設を除く。）と併設して設置されているときは、文化財の保存又は公開に係る設備が、当該博物館等の施設の専用のものであること。

ト　博物館等の施設が同一の建物内で商業施設と併設して設置されているときは、当該博物館等の施設が、文化財の公開を行う専用の施設として商業施設から隔絶（非常口を除く。）していること。

1.5 屋外文化財の劣化要因

　屋外の文化財は、雨、風、太陽光、粉塵、鳥の害などさまざまな要因で劣化します。海の近くの美術館ですと、海からの海塩粒子の影響で、金属が材料である現代アートでは錆が発生しやすくなります（**図1.3**）。また、火山の近くで温泉のある地域では、空気中に硫黄酸化物などの成分が多くなり、同様に、展示物が劣化します。

図1.3　海岸近くの美術館屋外での現代アートの展示状況
金属に錆が見られる

　レンガや石でつくられた歴史的建造物や石造文化財の劣化要因のひとつとして塩類風化現象があります。これは、レンガや石が内部に空隙がある多孔質体と呼ばれる材料であるため、中に水が浸透することで起こる現象です。例えば、歴史的レンガ建造物の中に、地下水や雨水が浸透すると、地下水やレンガ材料に含まれる塩分が間隙水中にしみ出し、濃度が高くなります。その後、外気が乾燥すると、水はレンガ表面から蒸発しますが、塩類は蒸発することができないので、表面近くで塩として析出します。その析出圧でレンガ表面を劣化させることになります。乾季、雨季のあるタイの世界遺産に指定されているアユタヤのワットマハタットと呼ばれる寺院のレンガ壁の劣化の様子を**図1.4**に示します。石造建造物であるカンボジアのアンコールワットの砂岩の柱の下部も、塩類風化現象により劣化が

図 1.4　歴史的レンガ建造物の塩類風化現象　　図 1.5　歴史的石造建造物の柱下部の塩類風化現象による劣化の状況

進んでいます（**図 1.5**）。

　寒冷地にある石造文化財は、冬季に石材中の水が凍結する際に、凍結面へ水が吸い寄せられてきて氷として析出し、その析出力で表面近くの石材を破壊する凍上現象により劣化します。

　図 1.6 に、北海道小樽の重要文化財に指定されている旧日本郵船小樽支店の凝灰岩（ぎょうかいがん）の壁の劣化状態を示します。凝灰岩は、間隙中に含まれる水分量が多く、冬季に凍上現象を起こしやすい材料です。この凍結劣化現象の生じる要因は、①水分量が多いこと、②0℃以下低温になること、③凍上現象を起こしやすい材料であることがあげられます。特に温度に関しては、−4℃、+4℃の間のくり返し回数に関係しているという研究があり、その回数をプロットしたのが**図 1.7** です。この図から、冬季は比較的温暖な九

図 1.6　寒冷地の石造建造物の凍結劣化状況

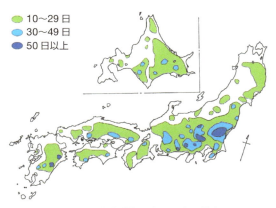

図 1.7　凍結破壊注意日の全国分布

州の大分県でも、凍結劣化の危険地域があるのがわかります。実際に、大分県臼杵市にある国宝臼杵磨崖仏でも凍結劣化現象が見られています。現在では、磨崖仏全体を覆う覆い屋が建てられていて、冬季間でも磨崖仏の温度が0℃以下にならないように保存管理がなされています。韓国ソウルにある国宝第2号、円覚寺址十層石塔は、ガラスケースで覆う保存対策を行っています（**図 1.8**）。これは、雨が当たらないので、石材の水分量が上昇しないこと、また、冬季の温度低下を抑制できることなどで有効な方法です。

　これらの劣化要因に加え、最近では地球温暖化による影響が注目されて

図 1.8　石塔保存のためのガラスケース（韓国・ソウル）

います。地球温暖化は、大気中の二酸化炭素濃度が上昇し、大気中から熱が逃げにくくなる温室効果により温度が上昇するという現象です。また、地球温暖化現象は、単に温度が高くなるだけではなく、集中豪雨が増えるという現象も引き起こし、最近の豪雨災害の要因と考えられています。この地球温暖化の影響は、日本各地で見られています。**図1.9**は、1882年から2022年までの青森市の年平均気温の変化を示したものです。140年の間に、青森市では2℃程度の温度上昇が見られることがわかります。また、**図1.10**は、同市の日最大降水量の変化を示しています。このグラフからは、集中豪雨の頻度が多くなっているのがわかります。特に最近の集中豪雨では、2022年8月9日に、日降水量が145.5mmを記録しました。

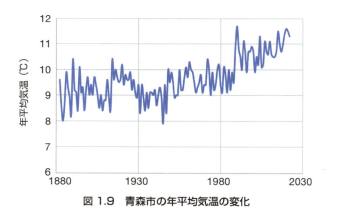

図1.9　青森市の年平均気温の変化

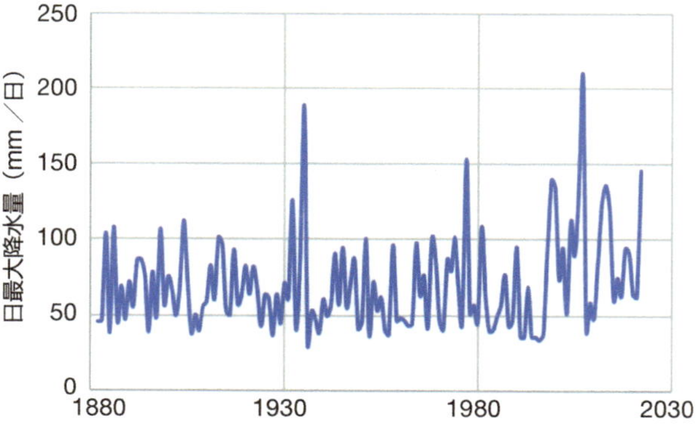

図1.10　青森市の日最大降水量の変化

図 1.11　遺跡の土遺構の降水による冠水状況

その際には、三内丸山遺跡の子供の墓の遺構が、完全に水に覆われました（**図 1.11**）。このようなことは過去にはなかったとのことであり、文化財の保存に関して、地球温暖化による影響が深刻化していることがわかります。

このような気候変動による文化財に対する影響に関しては、国際記念物遺跡会議（ICOMOS）で、気候変動ワーキンググループを設置し、調査を進めています。今後、屋外の文化財に対する地球温暖化の影響、保存対策に関しては、大きな課題としてとりくむ必要があります。

1.6 文化財の保存に関する倫理

　文化財の保存に携わる人は、貴重な文化遺産を後世に良好な状態で残していくために、いくつか守らなければならない項目があります。これらの項目は、文化財の保存・修復に関する学会などで規定されてきました。

　歴史的建造物に関しては、第2回 歴史記念建造物関係建築家技術者国際会議が1964年ヴェネチアで開かれ、記念建造物および遺跡の保全と修復のための国際憲章（ヴェニス憲章）が提案され1965年採択されました。ここでは、歴史的に重要な記念建造物の真正な価値を完全に守りながら後世に伝えていくことが、保存・修復にかかわる者の義務であることが述べられています。また、記念建造物の保存の方法、修復の方法に関する基本的な考え方が示されています。

　美術工芸品や発掘資料の保存に関する最初の倫理規定は、1967年に国際文化財保存学会アメリカ支部（IIC American Group、現在のアメリカ文化財保存修復学会、AIC）が制定した「美術修復家のための倫理規定」（**表1.4**）です。

　この前文にある保存専門家とは、倫理規定に沿って保存作業を計画して遂行することのできる、教育、知識、能力および経験を備えている人をいいます。したがってこの用語には、保存修復者（conservator）だけではなく、

表1.4　AIC 倫理規定の前文

　保存専門家（conservation professionals）すなわち充分な訓練と専門技術を身につけた個人の第一の目標は、文化財の保護（preservation）です。ここで文化財とは、個別の作品構造物あるいは集合したコレクションで構成されています。それは芸術的、歴史的、科学的、宗教的、または社会的な重要性を持つ物で、将来の世代のために保存しなければならない、貴重でかけがえのない遺産です。この目標を達成するために保存専門家は、文化財やその所有者、管理者、保存の職業、および社会全体に対する義務を負います。この文章すなわちアメリカ文化財保存学会倫理規定と実務基準は、保存専門家および文化財の管理にたずさわるそのほかの人々のための指針として作成されました。

保存科学者、保存技術者、保存教育者、保存管理者および保存コンサルタントが含まれます。そのため、博物館・美術館の保存担当の学芸員も、ここでいう保存専門家であるということができます。

倫理規定の3項目を以下に示します。

1. 保存専門家は、保存のすべての面で最高の水準を保つように努力しなければならない。それは予防的保存（preventive conservation）、調査（examination）、記録（documentation）、処置（treatment）、研究（research）および教育を含み、またそれだけにとどまらない。

2. 保存専門家のすべての行動は、文化財、その固有の特性と重要性およびその制作者に対する敬意に基づくべきである。

3. 保存専門家は、予防保存に対する責任を認識しなければならない。そのために文化財の損傷（damage）または劣化（deterioration）を少なくするように努力し、使用と管理の指針を提供し、収蔵と展示に適した環境条件を推薦して、取扱、梱包および輸送の適切な手順を推奨する。

このように、特に博物館・美術館などで文化財の保存にかかわる学芸員にとって、文化財の保存に関して予防的保存を責任をもって実践することの重要性が述べられています。そのためには、文化財の特性に関する知識、文化財の保存環境に関する知識はきわめて重要ですので、このテキストから十分に学びとってください。

また、保存専門家の社会的責任に関しては、次の3項目に述べられています。

1. 保存専門家は、適切かつ敬意をもって文化財の活用に関する社会の権利を認めると同時に、文化財の保護を主張しなければならない。

2. 保存専門家は、あらゆる職業上の関係において誠実さと敬意をもって行動し、この職業に携わるすべての個人の権利と機会を保証することに努め、他者の専門的知識を認めなければならない。

3. 保存専門家はその職業、すなわち人文科学と自然科学を含む研究分野である職業の発展と成長に貢献しなければならない。それは、個人の技術と知識をたゆまず高め、情報や経験を同僚と共有し、知識を文章化し、この分野における教育の機会を提供、促進することによって行われる。

このように、博物館・美術館などで文化財の保存にかかわる学芸員にとって、文化財の保存に対する社会的な責任の自覚は重要であって、常に、社会的責任を果たす努力が必要であることが述べられています。

　日本では、文化財保存修復学会が文化財の保存・修復をするときの基本的な考え方を、文化財の保存に携わる人のための行動規範としてまとめています。

〈参考文献〉
1) 沢田正昭：『文化財保存科学ノート』、近未来社、p.212（1997）
2) 森本和男：『文化財の社会史　近現代史と伝統文化の変遷』、彩流社、p.791（2010）
3) 登石健三、見城敏子：密閉梱包の湿度調節、古文化財之科学、**12**、28-36（1956）
4) 文化庁：『国宝・重要文化財の公開に関する取扱要項（平成30年1月29日改訂）』（2018）
5) 文化庁文化財保護部 編：『重要文化財の所有者及び管理団体以外の者による公開の許可に係る基準』文化財保護行政ハンドブック、ぎょうせい、pp.179-180（1998）
6) 倫理綱領検討委員会：世界の主な倫理規定、文化財保存修復学会誌、**55**、76-88（2010）
7) 文化財保存修復学会：文化財の保存にたずさわる人のための行動規範（2008）
8) 杉本宏：文化財保護法改正における展望と課題について、文化遺産の世界、Vol.33（2018）

〈参考 Web サイト〉

AIC (American Institute for Conservation of Historic and Artistic Works)
https://www.bunka.go.jp/seisaku/bunkazai/hokoku/1401204.html

https://www.bunka.go.jp/seisaku/bijutsukan_hakubutsukan/shinko/kankei_horei/93697301.html

https://museum.bunka.go.jp/museum/act/

第2章

博物館資料の保存環境

正倉院正倉

キーワード

温湿度環境
光と照明
室内空気汚染
生物被害
伝統的保存方法
被災防止

2.1 温湿度環境

　博物館資料の劣化に対して、温度と湿度が大きな要因になっていることは第1章で説明しました。ここでは、温度と湿度の定義、測り方、コントロールする方法について説明します。

2.1.1 温度と湿度

　温度が高ければ、資料の劣化速度は速くなりますし、また湿度が高い条件だと、紙資料にカビが生える、金属資料に錆（さび）が発生するなどの問題が生じます。そのため、博物館内の温湿度を適度な範囲に保つ必要があります。まずは、温度と湿度の性質について簡単に説明します。

　温度とは、寒暖の度合いを数値で示したものです。一般には水の凍る温度を 0℃、水の沸騰する温度を 100℃ とするアンデルス・セルシウスによって作成された摂氏温度目盛りを使って表します。一方、湿度とは、大気中に含まれる水蒸気の量や割合のことで、絶対湿度（absolute humidity）、相対湿度（relative humidity）、露点（dew point）などの表記が使われています。

復習　湿度

◆**絶対湿度（単位：g/m³）**
　絶対湿度とは、**図 2.1** に示すように単位体積（1 m³）あたりに含まれる水蒸気の重さ（g）です。次式のように表されます。
　絶対湿度（g/m³）＝ 水蒸気の重さ（g）/ 空気の体積（m³）
　このほかに、空気の体積の代わりに空気の重さを基準にとる表記法もあります。

◆**相対湿度（単位：%）**
　相対湿度とは、単位体積あたりの水蒸気量（絶対湿度のことです）と飽和水蒸気量との比を百分率で表した値です。パーセント（%）を使っ

22　第2章　博物館資料の保存環境

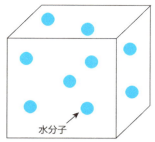

図 2.1　絶対湿度の概念図　（空気単位体積あたりの水分子の重さ）

て表します。空気の乾き具合や湿り具合を表し、人間の実感に即しているという利点があり、天気予報をはじめ、広く用いられています。

◆飽和水蒸気量

　飽和水蒸気量とは、空気 1 m³ に入ることができる水蒸気の量を g で表したものです。空気 1 m³ に入ることができる水蒸気の量には限りがあるのです。飽和水蒸気量は、温度が高くなるにつれて、大きくなるという性質があります。そのため同じ水蒸気量を含む空気の相対湿度は、温度により変化します。この温度による相対湿度の変化を図 2.2 で説明します。容器の大きさは温度によって変化する飽和水蒸気量を示し、温度が高いときほど大きいことがわかります。塗られた部分は空気中に含まれる水蒸気量を表します。はじめに、温度が 30.0℃、相対湿度が 50% である 1 m³ の空気を考えます。この空気の中には、15.2 g の水蒸気が含まれています。飽和水蒸気量は 30.4 g です。次に、この空気の温度が、23.1℃に下がる場合を考えると、含まれる水蒸気の量は 15.2 g で変化していませんが、飽和水蒸気量は、20.3 g となり、

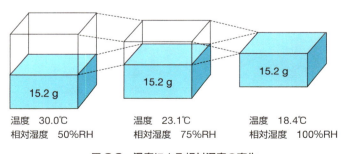

図 2.2　温度による相対湿度の変化

相対湿度は 75％ と高くなります。さらに温度が下がると飽和水蒸気量が小さくなり、18.4℃で飽和水蒸気量が 15.2g となり、相対湿度は 100％に達し結露が生じます。

　絶対湿度と相対湿度の関係は、**図 2.3** の「湿り空気線図」で示すことができます。このグラフは、横軸に温度（℃）、縦軸に絶対湿度（g/m³）を示し、グラフ中の曲線は、相対湿度が一定の場合の温度と絶対湿度の関係を示しています。このグラフを用いると、温度と相対湿度から絶対湿度を求めることができます。

　例えば、温度 20℃ 相対湿度 60％である室内の絶対湿度（A 点）はグラフから 10.4 g/m³ と読みとることができます。ここで、室内に 10℃の部屋にあった金工品が持ってこられたとします。金工品の表面近くの空気の温度は急激に下がり、湿り空気線図上では、A 点から B 点（約 12℃）へ温度が変化し、B 点で結露が生じ、C 点（10℃）へ到達します。C 点での絶対湿度は約 9.4g/m³ですので、B 点と C 点の差分だけ、金工品表面で水分が結露してしまうことになります。結露は、錆などの原因となります。このように結露は、温湿度の異なる環境へ資料を急に移動させると起こるので、いわゆる、「慣らし（シーズニング）」によって、結露が起こらないよう注意すべきです。

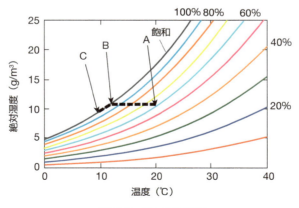

図 2.3　湿り空気線図

基本用語 露点（単位：℃）

露点とは、圧力を一定にして空気を冷やしたときに、空気中に含まれている水蒸気が飽和する温度のことです。湿り空気線図で見れば、相対湿度が100%である線上にあります。結露や空調機による冷却の問題を考えるときに便利ですが、露点温度から水蒸気量を直感的に把握しにくいという難点があります。

基本用語 慣らし（シーズニング）

多湿な環境に常時置かれてきた資料や寒冷期に長期間輸送されてきた資料は、博物館に到着したすぐ後に梱包を解かずに、1日程度梱包したまま博物館に置いて資料の温度を博物館の温度になじませます。このことを「慣らし」といいます。これによって、資料温度は周囲温度と近くなり、結露の心配がなくなります。「シーズニング」ともいいます。

2.1.2 温度と湿度の測定

A. 温度測定装置

　温度が変化すると物質のさまざまな性質が変化します。例えば、温度が上がると液体は膨張するので、アルコールや水銀の膨張や収縮の度合いによって温度を測定することができます。これらはアルコール温度計、水銀温度計と呼ばれています。白金や金属セラミックスなどの物質は温度が変化すると電気抵抗が変化します。この性質を利用したものに白金抵抗温度計やサーミスタ温度計などがあり、デジタル温湿度計によく使われています。バイメタル温度計（**図 2.4 A**）はセンサーとして、温度による熱膨張率の異なる2つの金属板を貼り合わせたものを用います。温度が高くなると、熱膨張率の低い金属側へ曲がり、その変位をてこにより増幅して記録紙に記入するのです。これは自記温湿度記録計に用いられています（**図 2.4**）。

　また物体から放射される赤外線強度は物体表面の温度に依存するので、物体から放射される赤外線強度を測定して物体の温度を測定することができます。この原理を使って測定するのが放射温度計です。放射温度計の長所は、測定が高速で行えることと非接触で測定ができることです。

B. 湿度測定装置

　湿度が高くなると、人間の髪の毛は長くなります。これは髪の毛が水をとり込むことにより、タンパク質でできた髪の水分量が多くなり、その分だけ膨張するためです。この性質を利用して髪の毛の伸び縮みから湿度を

2.1　温湿度環境　**25**

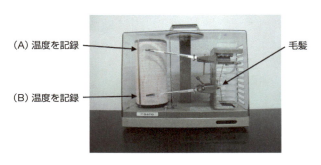

図 2.4　自記温湿度記録計
(A) バイメタル温度計、(B) 毛髪湿度計

測定する装置が毛髪湿度計（**図 2.4 B**）です。ただし毛髪湿度計は、毛髪の伸び縮みをてこなどの方法で、記録用ペンの動きに伝える構造となっているため、くるいが生じやすく、ときどき機器校正が必要になります。

　湿度が高くなると、多孔質体や高分子膜はその中に水分がとり込まれ、水分量が大きくなります。これらの材料の水分量が多くなると一般にその電気抵抗は小さくなり、電気容量は大きくなります。そのためセンサー部に多孔質体や高分子膜を用い、その電気抵抗値や電気容量を測定することにより周囲の湿度を測定することができます。デジタル温湿度計（**図 2.5**）や温湿度データロガー（**図 2.6**）などでよく使われている原理です。

図 2.5　デジタル温湿度計

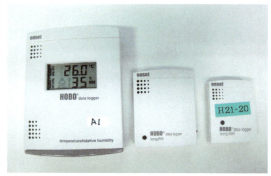
図 2.6　温湿度データロガー

C. 温湿度の記録のとり方

　温湿度の記録は、収蔵庫、展示室、展示ケースの中の3か所で測定することが望ましく、年間を通して温湿度の記録をとることにより、いつの時期にどれくらい湿度が上がるのか、下がるのかを把握することができます。このデータは展示環境の改善のための基礎データとなります。また、企画展示などを行う場合は、展示期間のはじまる前に、2週間くらい、展示室と展示ケースの中の温湿度の記録をとることにより、企画展示期間中の資料の展示に関して、資料に大きな影響がないかどうかを確認することができます。温湿度の変化を見るには、自記記録計などのグラフやデジタルデータをグラフに直したもののほうが、異常な変化があるかどうかを把握しやすいでしょう。温湿度変化に何か異常が見られたら、空調の管理者などの協力を得て、その原因を明らかにし、対策を講じることが必要となります。

2.1.3 博物館の温湿度環境

A. クリモグラフ

　クリモグラフとは、縦軸に月平均温度、横軸に月平均湿度をとり、その地域のデータをプロットしたものです。クリモグラフにより年間を通した外気の温湿度変化の特徴を把握することができます。**図2.7**に東京、パリ、カイロのクリモグラフを示します。温度と湿度がともに高い環境条件では、カビが発生しやすく、図中にはこの領域の色を変えて示しています。東京は6月から9月にかけて、温度も湿度も高く、カビが発生しやすい条件にあることがわかります。一方、パリのクリモグラフを見ると、温度の高い夏では湿度が低くなっていて、年間を通してカビが発生しにくい条件となっています。カイロのクリモグラフを見ると、年中湿度が50〜60％程度であることがわかります。このように日本の外気の温湿度条件は、資料の保存にとって、パリやカイロよりも厳しい条件であることがわかります。

B. 資料を扱う際の温湿度の基準

　資料を展示・収蔵する際に湿度が高ければ、紙や皮革などの有機物でできた資料にはカビが発生したり、金属でできた資料には錆が発生するなどの問題が生じます。一方、湿度が低ければ、木造彫刻にひび割れが発生し

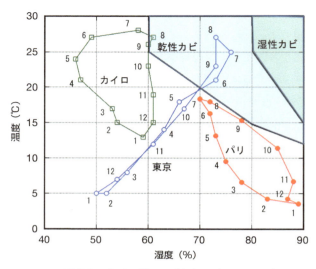

図 2.7　クリモグラフ（東京、パリ、カイロ）
データのそばの数字は測定月を表す。湿性カビと乾性カビの発生しやすい温湿度条件の
エリアは色を変えてある。

たり、絵画の顔料が剥落する（はがれ落ちる）などの問題が生じます。そ
のため、ICOM（国際博物館会議）やIIC（国際文化財保存学会）などでは、
資料の保存のための温湿度基準を対象の材質や状態によって**表 2.1** のよう
に定めています。ただし資料は、さまざまな材料の複合体である場合が多

表 2.1　保存に適した温湿度基準

温度	約 20℃
	ただしフィルムについては白黒フィルム 21℃、カラーフィルム 2℃。写真については白黒写真 18℃、カラー写真 2℃。
湿度	材質によって適当な湿度が異なる。
高湿度	100%　　　出土遺物（保存処置前のもの、防カビ処置が必要）
中湿度	55〜65%　紙・木・染織品・漆
	50〜65%　象牙・皮・羊皮紙
	50〜55%　油絵
	45〜55%　化石
低湿度	45%以下　金属・石・陶磁器
	（塩分を含んだものは先に脱塩処理が必要）
	30%以下　写真フィルム

いので、比較的環境条件の影響を受けて劣化しやすいものの最適な条件に合わせて、博物館の展示・収蔵環境は 50 〜 60％、もしくは 55 〜 65％程度の湿度の範囲内にあることが望ましいとされています。

温度に関しては、写真やフィルムなどのように化学変化によって劣化しやすいものは、低い温度で収蔵するのが望ましいのですが、美術館や博物館の展示の際は来館者の快適性を考慮して、一般には、展示室や収蔵庫の温度は 20 〜 25℃程度に保たれています。

実例　曳山博物館

滋賀県長浜市の曳山(ひきやま)博物館では、土蔵に収蔵されている曳山（図）を博物館内に 1 年間収蔵し展示しています。土蔵の湿度は、70 〜 80％と高いので、大きな湿度変化による曳山の部材の変形を抑えるため、博物館の展示施設の湿度も高めに設定しています。

図　曳山博物館の様子

2.1.4 湿度の制御

資料のまわりの湿度を制御する方法として、展示室や収蔵庫内に空調した空気を送る方法、展示ケースに調湿剤を入れる方法、吸放湿性のよい木材でつくった保存箱に資料を入れる方法などがあります。奈良の正倉院はヒノキ材を用いた校倉(あぜくら)造りと呼ばれる建物であり、宝物はさらに杉材でつくられた唐櫃(からびつ)という箱の中に納められています。木材は、水分の吸放出性能が高いので、周囲の湿度が高くなれば、水を吸収して湿度を下げ、湿度が低くなれば、水を放出して湿度を上げるという緩衝作用があります。そのため、唐櫃の中は年間を通して湿度が安定しています。この方法は、2.5

節 伝統的保存方法で詳しく説明します。土蔵は、古くから食料や衣装や文書を保管するために使われてきました。土も、木材同様、吸放湿性に優れた材料で、建物内の湿度を安定させる機能があります。ここでは、空調による制御方法と調湿剤による制御方法および土壁による湿度制御の事例について説明します。

A. 空調による制御方法

　収蔵庫や展示室などに用いる空調機は温度を下げるための冷却コイルと、温度を上げるための加熱コイル、湿度を上げるための加湿器からなっています（**図 2.8**）。空調機に入った空気はエアフィルタを通った後、まず冷却コイルによって低温にされ、同時に空気中に含まれる水分は結露によってとり除かれます。その後、空気中の温度はあらかじめ設定された温度まで加熱コイルによって上げられますが、そのままでは設定湿度より乾燥しているので、設定湿度まで加湿器により加湿されます。収蔵庫の空調システムの概略図は**図 2.9** に示します。

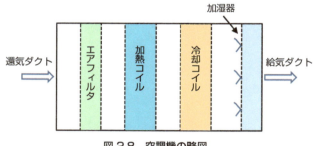

図 2.8　空調機の略図

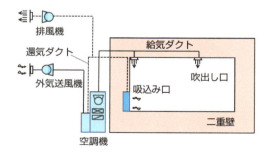

図 2.9　収蔵庫の空調システムの内部概略図

家庭用の空調機には湿度調節の部分がなく、一般に吹き出し口からの空気は温度のみによって運転が制御されているので、室内の相対湿度を一定に保つことはできません。これが一般の空調機と収蔵庫や展示室などに用いられている空調機との違いです。

　加湿器や除湿器を単独で使用する場合もあります。加湿器には蒸発式と噴霧式のものがあります。蒸発式は水槽内の水を電熱器で加熱し、水面から蒸発する蒸気により加湿するもので、噴霧式は水をノズルから噴霧し、噴霧された水の細かい粒子を空気と熱交換して蒸発させ、加湿するものです。一般には蒸発式のものが用いられています。噴霧式の加湿器は水があたって展示物を濡らす恐れがあるうえに、水道水などを用いると展示物の表面に白っぽい石灰分が残留して付着するためです。ただし蒸発式の加湿器を用いる場合は、長い間使用しているとカビが発生することがあるので内部をこまめに清掃する必要があります。

　除湿器は内部に冷却器をもっていて、空気中の水分を結露させてとり除きます。除湿した水を内部のタンクにためるタイプの除湿器では、タンクにたまった水を頻繁に捨てるようにしないと水があふれることがあります。またせまい部屋の中で除湿器を使用していると、除湿器の発熱により部屋の温度が上がってくるので、注意が必要です。

B. 調湿剤による制御方法

　一般に調湿剤と呼ばれるものは、湿度を一定に保つのではなく、周囲の急激な湿度変化をやわらげる作用をします。正しくは湿度変化の緩和剤です。調湿剤は粘土やゼオライト、シリカゲルなどの多孔質の材料でできています。多孔質の表面に開いた無数のさまざまな毛細管内や鉱物表面に吸着されている水が、空気中の湿度に応じて蒸発したり凝結したりします。湿度の変化によって多孔質体からどれくらいの水が出入りするかは、それぞれの毛管径や比表面積（単位質量あたりの表面積）の大きさなどによって決まります。

　湿度が変化して空気中の水分量が変化したとき、増減した水分を調湿剤から出入りする水分が補うことにより、湿度変化を抑えます。これが調湿剤の湿度変化緩和の原理です。このような湿度変化緩和作用は、調湿剤に限らず木材など多くの材料ももっていますが、調湿剤から出入りする水分

2.1　温湿度環境　**31**

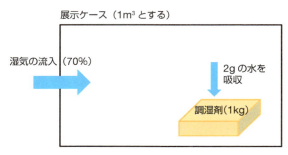

図 2.10　展示ケース内湿度変化

量は木材に比べてずっと多いために、少ない量で湿度変化を緩和することができます。

　例えば、展示ケース内の相対湿度を一定に保つのに必要な調湿剤の量について考えてみます。いま、外部から湿気が入って、20℃、60%（絶対湿度 10 g/m³）であった空気が、同じ温度で 70%（絶対湿度 12 g/m³）に湿度変化したとすると、差し引き 2 g/m³ だけケース内の水分が増えたことになります（図 2.10）。一方、ある調湿剤 1 kg は、湿度が 60% から 61% に変化する際に 4 g の水分を吸収することができます。ケース内に 1 kg/m³ の割合でこの調湿剤を入れておけば、展示ケース内の湿度が 60% から 61% に変化する際に調湿剤が 2 g の水分を吸収するので、10% の湿度変化を 1% 以下に抑えることができます。ただし、展示ケースの気密性が低い場合や展示室内の湿度変動が大きい場合は、調湿剤のみで展示ケース内の湿度変動を十分に抑えることができないので注意が必要です。

C. 土壁による湿度制御の事例

　土蔵の壁に使われている土も、上記の調湿剤と同程度の大きな吸排湿能力をもっています。そのため、外気との空気交換率の低い蔵の中の湿度は年中ほぼ一定に保たれています。また、蔵では湿度を一定にするのに空調機を使わないため、電気の使用による二酸化炭素の発生がないので、環境にやさしい収蔵施設です。ただ、湿度が高めに推移することから、微生物対策は十分に配慮する必要があります。

　土の調湿能力を示すもうひとつの例は、エジプト、カイロのギザの大ピラミッド近くで見つかった太陽の船です。この太陽の船は、紀元前 2500

図 2.11　太陽の船

年頃、古代エジプト・古王国時代第 4 王朝のファラオであったクフのためにつくられたとされています。**図 2.11** に、太陽の船の写真を示します。船の木材はレバノン杉で、木材の木目が見えるほど、保存状態がよかったと考えられます。これは、**図 2.7** に示したクリモグラフでわかるように、年間を通して平均湿度が 50 〜 60％ であり、木材の埋設環境においても、長期間安定した水分状況が保たれていたためと考えられます。また、エジプトのサッカラ地域にあるマスタバ地下埋葬室の温湿度環境の測定によると、年間を通して 55％ 〜 65％ であり、安定した温湿度環境であったことが報告されています。

〈参考文献〉

1) 文化庁文化財保護部 編：『国宝・重要文化財の公開に関する取扱要項』、文化財保護行政ハンドブック、ぎょうせい、pp.208-210（1998）
2) 登石健三：文化財保存のための温湿度の基準、保存科学、**1**、28-33（1964）
3) 三浦定俊、佐野千絵、木川りか：『文化財保存環境学』、朝倉書店、pp.1-46（2004）
4) 成瀬正和：正倉院北倉の温湿度環境、文化財保存修復学会誌、**46**、66-75（2002）
5) 中井多喜雄：『イラストでわかる空調の技術』、学芸出版社、pp.82-83（1991）
6) 登石健三、見城敏子：密閉梱包の湿度調節、古文化財之科学、**12**、28-36（1956）
7) 西浦忠輝：サッカラ地域の気象環境とイドゥート・マスタバ地下埋葬室の環境、国際的な文化遺産の保存・活用に関する総合的研究、関西大学、pp.31-37（2018）

2.2 光と照明

　温湿度環境とともに、博物館資料の劣化に対して大きな要因となるのが光です。光によって私たちは資料を見ることができますが、それと同時に、即座には見えないレベルで資料は徐々に損傷していきます。ここでは鑑賞と保存といった、相反する機能を両立させるための光のあり方について、光の性質と影響、博物館で使用される光源の種類と照明手法、博物館における光のコントロールと実際の例などを通して説明します。

2.2.1 光の性質と影響

　物を見るということは、光によって照らされた物質から反射（もしくは透過）した光が人の眼球底部にある網膜を刺激し、その信号が大脳に伝達されることで知覚が生じることをいいます（図 2.12）。そして、光で照らされることは言い換えると、光エネルギーが物質に衝突することを意味しますので、物質には必ず何らかの影響が発生します。まずは光について簡単に説明します。

　光は電磁波の一種と位置づけられます。電磁波には、ほかにも宇宙線や

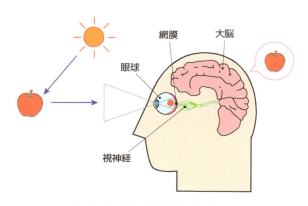

図 2.12　物の認識過程の概念図

X線などがあり、その単位は波長（nm（ナノメートル））で表されます。そのなかで、光は虹の7色と呼ばれる380〜780 nmの波長範囲にある電磁波で、一般的には可視光線と呼ばれています（**図2.13**）。可視光線に隣接する380 nmよりも短い波長の電磁波に紫外線があり、780 nmよりも長い波長の電磁波に赤外線があります。紫外線は肌などの日焼けの原因として一般的に知られ、博物館資料においても色の変退色や紙がボロボロになるなどの損傷の原因となります。赤外線は赤外線ヒーターで知られるように物質を温める作用があり、温めることで前述の変退色が促進されることや、熱による膨張収縮の繰り返しで、剥離やひび割れなどが生じる原因となります。

なかでも紫外線および短波長側の可視光線による資料の光化学反応は、損傷作用の主たる原因といわれています。一般的にその作用程度は、その光の性質を表す光源スペクトル（分光分布）、光を照射される資料の光源スペクトルに対する損傷の程度（損傷関数）、照射する光の明るさ（照度（1 x（ルクス）））、光を照射する時間（h）によって決まるといわれています。光源スペクトルは、自然光ならば国際照明委員会（CIE）から出されている昼光の分光分布を、人工光源ならば光源メーカーから出されている分光分布を参照します。損傷関数は、資料の材質によって異なりますが、博物館では扱う資料の種類が膨大なため、便宜上ハリソンが実験により導き出した作用スペクトル関数（ハリソンの損傷関数）を使用しています。

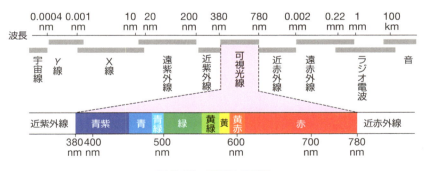

図2.13　電磁波の種類

2.2　光と照明　**35**

基本用語　分光分布

　分光測色計によって波長ごとに光の強さを測定したもので、一般的には最大値を 100 とした相対値をグラフにして表します。グラフ化することで、その光の損傷の傾向や光色の傾向がひと目でわかります。例えば**図 2.14** を見ると、損傷原因となる紫外線や赤外線をほとんど含まず、鑑賞に必要な可視域のみの発光に限定しているので作品を保護し、見やすい光といえます。蛍光灯は、LED に対し短波長域が多いので、光色は青白く、LED よりも損傷しやすい光と見てとれます。

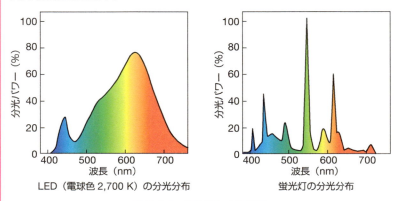

図 2.14　分光分布の比較例
エネルギーの最大値を 100％として表示。

基本用語　ハリソンの損傷関数

　1950 年代に、米国商務省標準局（NBS）のハリソンが新聞紙などセルロースの変退色性の実験により変退色に対する作用スペクトル関数を導き出しました。それを波長によりグラフ化したものが**図 2.15** です。グラフからわかるように、波長の短いほうが損傷の度合いが高く、長波長になるに従って低くなっています。また、このグラフにより 380 nm 以降の可視光線域においても損傷することがわかり、一般的にその影響範囲は可視光域の中間である 580 nm あたりまで及びます。

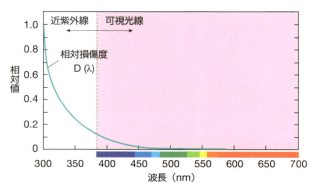

図 2.15　ハリソンの損傷関数

ハリソンの損傷関数に各光源の光源スペクトルをかけ、積分すると、その光源における単位光量あたりの損傷の度合いが導かれます。これが変退色損傷係数（D/E）です。光源の損傷に対するおおよその傾向を判断するための材料になります（**表2.2**）。

　表2.2から、自然光の天頂光青空がほかの光に対して特に飛びぬけた数値であり、自然光がいかに多くの紫外線を含んでいるのかがわかります。また、博物館で使用される蛍光灯の損傷係数は0.01程度で、一般に使われる蛍光灯の3分の1程度ですが、これは、蛍光灯の光に含まれる紫外線を紫外線吸収膜によりとり除いている（カットしている）からです。

　このように損傷係数は損傷作用の程度を知るには大変便利な数値ですが、博物館では、この数値とは別に紫外線の量（紫外線照度）も管理しなければなりません。それは、損傷の大部分が紫外線域によって起こるからだけでなく、特定の資料においては、紫外線にのみ反応するものも存在するためです（**表2.3**）。

　例えば、白熱電球やハロゲン電球は、損傷係数では博物館用の蛍光灯とほぼ同じ数値ですので、そのまま使用しても問題がないように思えますが、

表2.2　代表的な光源の損傷度

光　源		平均演色評価数（Ra）	変退色損傷係数（D/E）	相対値（%）
自然光	天空光（天頂光青空）	—	0.480	100.0
	天空光（曇天光）	—	0.152	31.7
	太陽光（直射）	—	0.079	16.5
蛍光灯	3波長域発光形蛍光灯（EX-N）	88	0.027	5.6
	美術・博物館用 Hf 蛍光灯（演色 AAA 電球色・L-EDL・NU）	95	0.008	1.7
	美術・博物館用 Hf 蛍光灯（演色 AAA 白色・W-EDL・NU）	98	0.010	2.1
	美術・博物館用 Hf 蛍光灯（演色 AAA 昼白色・N-EDL・NU）	99	0.012	2.5
電球	白熱電球（100 形）	100	0.015	3.1
	ハロゲン電球（一般型 100 形）	100	0.013	2.7
	ダイクロイックミラー付ハロゲン電球（12V50W）	100	0.011	2.3

相対値は自然光（天頂光青空）を100%として表示

表2.3　代表的な光源の紫外線照度

	光　源	紫外線照度（275 ~ 380 nm）$(\mu W/cm^2)/1{,}000\ lx$
蛍光灯	美術・博物館用 Hf 蛍光灯（演色 AAA 電球色・L-EDL・NU）	0.00
	美術・博物館用 Hf 蛍光灯（演色 AAA 白色・W-EDL・NU）	0.00
	美術・博物館用 Hf 蛍光灯（演色 AAA 昼白色・N-EDL・NU）	0.00
電球	白熱電球（100 形）	3.20
	ハロゲン電球（一般型 100 形）	3.80
	ダイクロイックミラー付ハロゲン電球（12V50W）	2.10

紫外線照度を見ると紫外線が含まれており、実際には照明器具でこの紫外線をカットしなければならないことがわかります。

　このように資料の損傷には光の質が大きくかかわるため光源選択に注意を要しますが、実際には、前述したように、照射する光の明るさ（照度（lx））、光を照射する時間（h）といった光の量も大きく関与します。光の質が、光源選択の前提条件であるのに対して、光の量は、実際の運営上での管理項目であるため、学芸員業務として日常的にかかわります。資料の損傷は、照度と時間の積に比例しますので、できるだけ低い照度で短時間の照明にとどめる必要があります。ただし、照度が低すぎると鑑賞が不可能になるので、博物館では適正な照度が推奨されています。資料の光に対する敏感さは素材により異なるため、この推奨照度は素材によって違う数値になっています。また、この数値は世界共通ではなく、国や機関によって異なっています（**表2.4**）。

　表2.4のように多くの場合、資料の光に対する敏感さによって、照度を3段階に区分しています。例えば日本の照明学会においては、水彩画や日本画など非常に敏感なものは 50 lx、油絵など比較的敏感なものは 150 lx、金属や石などそれほど敏感でないものは 500 lx を推奨しています。また、照度（lx）だけではなく、年間の照射時間（h）をかけた年間積算照度（lx·h/y）を推奨している機関もあります。特に 2004 年に国際照明委員会（CIE）から出された博物館展示物に対する照度推奨では、非常に敏感な

表 2.4　博物館における、各国・機関の推奨照度

光放射への敏感さ	ICOM（仏）(1977)	IES（英）(1970)	IES（米）(1987)	照明学会（日）(1999)
非常に敏感 織物、衣装、水彩画、つづれ織、印刷や素描のもの、切手、写本、泥絵具で描いたもの、壁紙、染色皮革など	50 lx できれば低いほうがよい （色温度：約 2,900 K）	50 lx	120,000 lx·h/y	50 lx （120,000 lx·h/y 以下）
比較的敏感 油絵、テンペラ絵、天然皮革、角、象牙、木製品、漆器など	150 〜 180 lx （色温度：約 4,000 K）	150 lx	180,000 lx·h/y	150 lx （360,000 lx·h/y 以下）
敏感でない 金属、石、ガラス、陶磁器、ステンドグラス、宝石、ほうろうなど	特に制限なしただし、300 lx を超える照明を行う必要はほとんどなし		200 〜 500 lx	500 lx

ICOM（仏）：International Council of Museum、IES（英）：Illuminating Engineering Society, London、IES（米）：Illuminating Engineering Society, New York

展示物を年間積算照度によってさらに2つに分けています。そのなかで、最も光に敏感な資料においては照度50 lx で、かつ年間積算照度を15,000 lx·h/y に制限しています。これを計算すると年間の照射時間の上限は300 h であり、博物館の開館時間を1日10時間とすれば、年間30日しか展示できないことになります。現在、博物館では、照度のみで管理を行っている場合がほとんどですが、年間積算照度のように光の量の累積で管理することが今後は必要になります。

　このように資料の損傷を抑えることに配慮すると、日常生活に比べ著しく低い照度で資料を見ることになります。このような低照度下では特に色の見えが著しく損なわれます。こういった条件のもと、博物館ではありのままに見るために必要な光の質も考慮することが求められ、特に色においては、可能なかぎり再現性の高い光としなければなりません。このような色の再現性の評価尺度が演色性です。光の演色性を表す言葉に平均演色評価数（Ra）があり、博物館では最低 Ra 90 以上が必要とされていますが、可能なかぎり最大値である Ra 100 に近い光源を選択することが必要です（**表2.5**）。

基本用語　演色性

　光による色の見えの程度を表す指数が、演色評価数です。演色評価数は試験用の色票を基準光（Ra 100）と評価光源で照らしたときの色ずれを測定して数値化します。演色評価数には平均演色評価数（Ra）と特殊演色評価数（R 9～R 15）があり、演色性を示すとき通常は、平均演色評価数（Ra）のほうが用いられます。平均演色評価数は、中程度彩度で明度が等しい8色の試験色票（R 1～R 8）の色ずれの平均値です。これで色の見えの程度が大体わかりますが、赤色や青色など、はっきりとした特定の色についての演色性を評価するためには、R 9からR 15の特殊演色評価数も併せて用います。試験色票は、R 9～R 12は非常に鮮やかな赤、黄、緑、青、R 13は西洋人の肌色、R 14は木の葉の緑、R 15は日本人の肌色で、それぞれ個別に演色評価数が求められます。

　低照度下では光の色みによっても色の認識性が左右されます。例えば照度が低く温かみのある光色では、緑から青の色の見えが損なわれる傾向にあります。このような光の色みを表す尺度が色温度で、単位は K です。博物館では通常、色温度2700～5000 Kの範囲の光が使われています。

基本用語　色温度

　光の色には青みを帯びたものや赤みを帯びたものがあります。このような光の色を物理的・客観的に数字で表したものが色温度で、単位は絶対温度K（ケルビン）で示されます。ロウソクの色温度は1800 K程度、青空の色温度は12000 K程度で、数値が高いほど青白く、数値が低いほど温かみのある光色になります。

表2.5　主な光源の色温度と演色性

種　類	色温度 (K)	平均演色評価数 (Ra)	特殊演色評価数						
			R 9 (赤)	R 10 (黄)	R 11 (緑)	R 12 (青)	R 13 (肌色・西洋人)	R 14 (木の葉)	R 15 (肌色・日本人)
3波長域発光形蛍光灯（EX-N）	5000	88	41	62	77	73	96	76	97
美術・博物館用 Hf 蛍光灯（演色 AAA 電球色・L-EDL・NU）	3000	95	87	92	93	85	99	95	97
美術・博物館用 Hf 蛍光灯（演色 AAA 白色・W-EDL・NU）	4000	98	94	98	99	93	99	97	99
美術・博物館用 Hf 蛍光灯（演色 AAA 昼白色・N-EDL・NU）	5000	99	94	95	96	89	95	98	95
白熱電球（100形）	2800	100	100	100	100	100	100	100	100
ハロゲン電球（一般型100形）	2850	100	100	100	100	100	100	100	100
ダイクロイックミラー付ハロゲン電球（12V50W）	3000	100	100	100	100	100	100	100	100

2.2.2 博物館で使用される光源と照明器具

　博物館で使用される光源は、前項で述べた光の質を併せもったもの、もしくは照明器具で調整が可能なものでなければなりません。このような博物館に必要な光源の条件をまとめると次の6項目になります。
　① 紫外線、赤外線といった資料に有害な光を放射しないこと
　② 低い変退色損傷係数であること（0.01 程度）
　③ 適当な色温度であること（2700 〜 5000 K の範囲）
　④ 高い演色性を有すること（Ra 90 以上）
　⑤ 照度制限に対応できるように調光が可能であること
　⑥ 目的に応じた配光制御が可能であること

　これらの条件をある程度満たす光源として、白熱電球、ハロゲン電球、蛍光灯が使用されてきましたが、現在はLEDが新しい光源として使用されています。以下に、それぞれの光源の特徴を簡単に紹介します。

A. 白熱電球、ハロゲン電球

　白熱電球はエジソンが1879年に実用化し、一般に普及した最初の電気光源です。最初は炭化させた竹がフィラメントでしたが、その後はタングステンが使用されています（図2.16）。発光原理は、フィラメントが電気抵抗により二千数百度に熱せられ、白熱化して光を発します。ハロゲン電球の発光原理は、白熱電球と基本的に同じですが、バルブ内にハロゲン元素を封入することで、白熱電球に比べて高効率かつ長寿命化を実現しています。どちらもRa 100の高演色で、損傷係数も低いですが、紫外線の放射照度が高いため器具側で紫外線をカットする必要があります。また、発

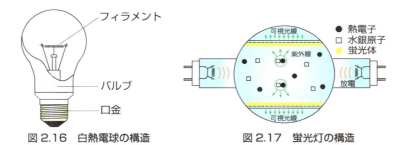

図 2.16　白熱電球の構造　　　図 2.17　蛍光灯の構造

光部面積が小さく配光制御が容易で、調光も容易ですが、調光を行うことで光を絞ると色温度が低く変化するという欠点があります。

B. 蛍光灯

蛍光灯は GE 社のインマンが 1938 年に実用化し、日本では戦後になって一般に普及しました。蛍光灯は放電灯の一種で、発光原理は、電極に電流を流すと加熱されたフィラメントから熱電子が管内に放出（放電）され、管内の水銀原子と衝突して紫外放射が起こり、その紫外線が管内の蛍光体を励起し可視光線を放射するというものです（**図 2.17**）。蛍光灯の光には多量の紫外線が含まれるため、そのままでは博物館には不適なので、紫外線吸収膜をつけた博物館用の蛍光灯がつくり出されました。同時に演色性も改善され、Ra 95 から Ra 99 という非常に高演色になっています。電球に比べ、狭角配光が不可能であるなど配光制御や調光に限界があります。

C. LED（Light Emitting Diode）

21 世紀になり LED という新しい光源が、博物館で使用されています。LED は発光ダイオードとも呼ばれ、電気を流すと発光する半導体素子です。博物館では白色 LED が使用されます。白色 LED には、**表 2.6** のよう

表 2.6　白色 LED 発光方式

ア	イ	ウ
シングルチップ方式	シングルチップ方式	マルチチップ方式
青色 LED ＋ 赤・緑色蛍光体	紫色 LED ＋ RGB 蛍光体	RGB LED 混色方式
青色 LED で赤色、緑色の蛍光体が発光し、LED 自体の青色と組み合わさり白色発光する。	紫色 LED で赤色、緑色、青色の蛍光体が発光し、白色発光する。	赤色 LED、緑色 LED、青色 LED をそれぞれ発光させて混色し、白色発光する。
・高効率 ・演色性は比較的高い 　（Ra 90–95）	・効率がやや低い ・演色性が高い（Ra 95 以上） ・若干の紫外線を含む	・演色性はやや低い 　（Ra 90 以下） ・赤、青、緑色以外の中間色の演色性が悪い

に大きく3つの方式の白色発光が用いられます。演色性を求められる博物館では、このうち、㋐青色 LED＋蛍光体方式、㋑紫色 LED＋蛍光体方式が採用されますが、㋐は㋑よりも演色性が低く、㋑は㋐よりも効率が低く、かつ若干の紫外線を含むなど技術的に途上の光源といえます。しかし前述の博物館に必要な光源の条件、①〜⑥すべてに合致し、かつ長寿命、高効率なので、現在は主流の光源となっています。

白熱電球とハロゲン電球はすでに製造を終了し LED に移行、蛍光灯は 2027 年末までに製造・輸出入を廃止することになっています。

2.2.3 美術館・博物館の照明手法

展示照明方法は、展示条件によっていろいろな方法があります。展示条件は大きく分けると、展示室内でのオープン展示と、展示室内に設置される展示ケースによる展示があり、照明方法もそれぞれ、展示室照明と展示ケース照明に分類されます。

A. 展示室照明

展示室の壁面や床面に設置される展示物に対する代表的な照明方法として、次の3つの方法があります。これらの照明方法は、単独だけでなく複合される場合もあります（**図 2.18**）。

① 光天井方式
② ウォールウォッシャ方式
③ スポットライト方式

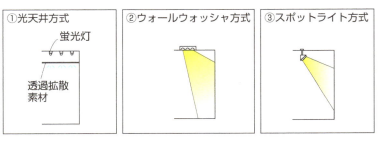

図 2.18　展示室照明の方法

光天井方式は天井面全体が照明器具のように光を放つ照明方法です。指光性のない拡散配光の光ですから、可動間仕切りを多用する企画展示室のように、全方位的に均一な照明環境を要求される場合に適しています。ただし拡散配光であるために展示物の陰影が乏しく立体感が生じにくいなどの理由で、多くの場合スポットライト方式と併用されます。

　光源は通常美術・博物館用蛍光灯が使用されます。光天井方式では光天井面に光ムラを生じさせないことを重要視する傾向にあり、使用される蛍光灯の本数が多くなります。結果として高照度空間になることが多く、調光して使用することが必須です。

　ウォールウォッシャ方式は、壁面全体を均一に照らす照明方法で、絵画展示のように壁面展示を主体とする展示室によく用いられます。光天井方式に比べ、壁面を照らすことに特化した方式ですので、効率のよい方法ですが、壁面全体が均一に照らされるため、推奨照度の異なる作品が並んだ場合は、ウォールウォッシャの照度を推奨照度の低い作品に合わせ、推奨照度の高い作品に対してはスポットライト方式を併用して光を補う必要があります。光源はこれまで美術・博物館用蛍光灯もしくはハロゲン電球が使用されていました。蛍光灯ウォールウォッシャは効率よく壁面全体を照らすのに適していますが、器具が大きくなる欠点があり、ハロゲン電球のウォールウォッシャは小型ですがランプ寿命が短く、エネルギー効率も悪いためランニングコストがかかる欠点がありました。しかし現在では、LEDを使用したウォールウォッシャが開発され使用されています。

　スポットライト方式は、博物館において最も多く見られる照明方法です。博物館のスポットライトには、狭角配光から広角配光まで、配光のバリエーションが豊富で、色温度変換フィルタやスプレッドレンズなど、複数のオプション装着が可能なスポットライトが使用に適しています。また器具自体に調光機能をもたせて資料に合わせた自由な照度設定を可能としています。

　光源はこれまでハロゲン電球（**図2.19 A**）が使用されていました。そのため、紫外線や赤外線をカットするUV-IRカットランプが必須であり、またランプ寿命が短いため展示中にランプ切れを起こしていました。しかし現在は、電力をあまり使わないランプ寿命の長いLEDが使われるようになり、また技術の進歩により演色性、色温度、配光角度のバリエーショ

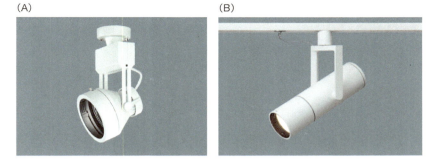

図 2.19　博物館用スポットライト
（A）ハロゲン電球［NDG82403W］、（B）LED（白色、4000K）［NNQ32071WK LE1］
〔写真提供：パナソニックホールディングス株式会社〕

ンに富んだ、調光による空間演出ができるようになっています（**図2.19 B**）。

B. 展示ケース照明

　博物館では、資料を盗難や破損、ほこりや湿気などから保護するために展示ケースを用います。展示ケースは、固定ケースと可動ケースに分類できます（**図 2.20**）。照明方法としては、ケースの形状に合わせてウォールウォッシャ方式、スポットライト方式、ベースライト方式、光ファイバー方式を使い分けています。展示ケースの照明は鑑賞者に近い位置に設置されるので、鑑賞者に直接グレア（不快なまぶしさのこと。次ページ）を生

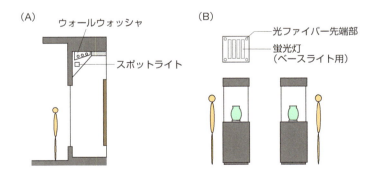

図 2.20　展示ケース
（A）固定ケース（ウォールケース）、（B）可動ケース（アイランドケース）

2.2　光と照明　　45

じないように注意する必要があります。また、資料と照明器具が近い距離になるため、照明器具が発する熱や紫外線・赤外線、そして照度管理に十分な注意が必要となります。

2.2.4 博物館における光のコントロール

　これまで博物館の照明について、その光の質、光源、照明手法について説明してきました。この項ではまとめとして、それらを最大限に活かすために光をどのようにコントロールするのか説明したいと思います。

　作品の損傷に配慮した照度制限の中で、最大限作品を明るく見せるためのポイントはいくつかありますが、そのなかでも重要なのが、均斉度、グレア、順応、点滅制御です。

　均斉度とは、資料に対する光の当たり方が均一かどうかの尺度で、通常、最小照度を最大照度で割った数値で表されます。例えば資料に最小照度 30 lx、最大照度 50 lx の光が当たっている場合、その均斉度は 30 ÷ 50 = 0.6 となります。当然、暗い部分より明るい部分のほうが損傷が速く進みますので、できるだけ均一に光を当てなければなりません。また、作品に暗い部分と明るい部分があると暗い部分が見えにくくなります。ですので、均斉度は通常 0.75 以上とすることが望ましいといわれています。**図2.21** が実際の博物館における光の状態を輝度分布で表した例です。これはリニューアル計画にあたり、ケース内の光の分布状況をカメラによる輝度分布撮影にて調査した例ですが、リニューアル前の有効壁面の均斉度は

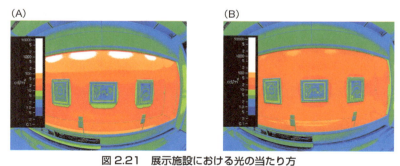

図 2.21　展示施設における光の当たり方
（A）リニューアル前、（B）リニューアル後〔パナソニック 汐留ミュージアム〕

下部が著しく暗いために 0.1 程度となっており、大きな作品を展示する場合、その光ムラによる見え方や資料の劣化について危惧されていました。リニューアル後の有効壁面の均斉度は 0.8 以上となり、光ムラなく全体を明るく見ることが可能になっています（**図 2.21 B**）。

　グレアとは、不快なまぶしさのことで、博物館では照明器具からの直接グレアと、展示ケースや額のガラス面への光の映り込みによる反射グレアがあります。グレアがあると目がその光に反応するために相対的に物の見えが損なわれ暗く感じることになります。**図 2.22** は額への光の映り込みや額の影の影響に配慮した照明と資料の設置位置の概念図ですが、博物館ではガラスへ映り込む機会が多いため、照明の設置位置に細心の注意を要します。

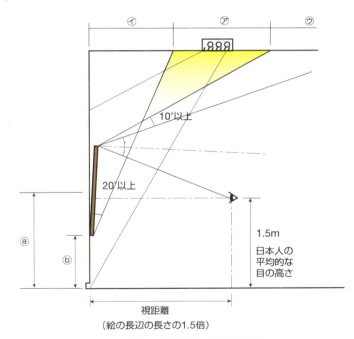

図 2.22　照明と資料の設置位置
㋐ 最適な照明設置位置
㋑ 額の影が作品に影響する照明設置位置
㋒ 額に照明が映り込む照明設置位置
ⓐ 展示作品の中心高さ。作品高さ 1.4 m 以下の絵画の中心は床上 1.6 m
ⓑ 展示作品の下限高さ。作品高さ 1.4 m 以上の絵画の展示下限は床上 0.9 m

2.2　光と照明　　47

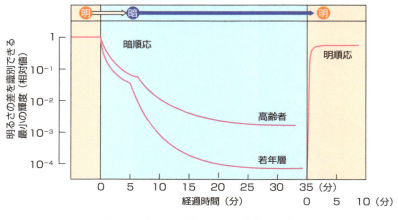

図 2.23　暗順応と明順応にかかる時間

　順応とは、眼球の虹彩を収縮させて目に入る光量を調整する作用のことで、簡単にいえば明暗に対する目の慣れです。例えば、明るいところから急に真っ暗闇に入ると目が慣れるまで時間がかかります。これが暗順応と呼ばれるものです。特に博物館の明るさは、日中の屋外の2000分の1程度ですので、暗順応には時間がかかります。一般的に暗順応が完了するには30分程度を要するといわれています。その暗順応の時間経過をグラフ化したものが**図 2.23**です。これを見ると5〜10分程度で第1段階の順応が完了しています。ですので、博物館では建物に入ってから最初の資料までに10分程度の時間を要するように動線計画を行うことが望ましいといえます。

　最後に点滅制御ですが、資料のためには鑑賞者がいない場合は消灯することが望ましいとされます。このような点滅制御には人感センサーが用いられます。鑑賞者が少ない平日の昼間など、人感センサーによる点滅制御を行うことにより、年間の積算照度を大幅に削減することができます。

〈参考文献〉

1) 国際照明委員会 編:「博物館展示物の光放射による損傷の抑制」日本照明委員会 訳、JCIE 翻訳出版、14（2005）
2) 丹青総合研究所 編:『文化財・保存科学の原理』、丹青社（1990）
3) 照明事典編集委員会 編:『照明事典 Lighting Design』、産業調査会事典出版センター（1998）
4) 洞口公俊、森田政明、中矢清司:「美術館・博物館の展示物に対する光放射環境と照明設計」照明学会誌、**74**(4)、206-211（1990）

〈参考 Web サイト〉

パナソニック、照明設計資料：

http://www2.panasonic.biz/jp/lighting/plam/manual/

2.3 室内空気汚染

　資料の劣化に対して、空気汚染が要因となっていることを第1章で説明しました。ここでは、室内の空気汚染の種類と測定の仕方、空気汚染への対策について説明します。

2.3.1 室内汚染物質の種類と影響

A. 種類

　空気は窒素と酸素を主成分とし、そのほかに炭酸ガスなどが含まれています。空気汚染として問題となる物質には、大気汚染にかかわる環境基準（大気環境基準）で定められている二酸化窒素、光化学オキシダント、二酸化硫黄、一酸化炭素、浮遊粒子状物質があります。室内では、シックハウスで問題となっている建材から発生するホルムアルデヒドや揮発性有機化合物（volatile organic compounds：VOC）、人間の呼気から発生する炭酸ガスも問題となります。

　博物館では、入館者や執務者の健康に配慮するために、また、空気の汚染が資料の劣化に影響することから、常に清浄な空気環境を保つことが求められます。博物館建設にあたっては、室内が粉塵、汚染ガス、カビなどの発生や影響を受けない清浄な環境につくることが必要です。

　空気中の汚染物質は、粒子状物質とガス状物質に分けられます。粒子状物質の場合、粒子には大きさがありますから、例えば、「粒径 10 μm 以下の粒子」といったように、粒径と併せて表すことがあります。細かい粒子ほど拡散しやすく、大きな粒子は落下しやすくなります。そこで、粒径の大きさに基づき浮遊粉塵、落下塵などと分けられることもありますが、ここでは、総称して粉塵と呼ぶことにします。一方、ガス状物質には、二酸化硫黄や窒素酸化物、炭酸ガスなどがあります。空気の分子量（28.84）より小さい物質は拡散しやすく、空気の分子量と比較して大きいガス状物質は室内でよどみやすくなります。

50　第2章　博物館資料の保存環境

B. 影響

 汚染成分が起因して資料に錆が発生したり、資料の色が変わったりします。これは表面に吸着した汚染成分と資料の素材との化学反応によるもので、この反応は水分や酸素があると、また、温度が高いと速く進みます。資料の素材は、紙、金属、木材、石など多くの有機物や無機物で構成されています。無機物は汚染物との化学反応により変化し、有機物は汚染物の影響で酸化してもろくなります。

 博物館における空気汚染源を図2.24 に示します。汚染源が屋外にあるのか、室内にあるのかで分類できます。図には示していませんが、屋外の空気汚染は、大気環境基準で定められた物質以外に、博物館の立地環境によっては、火山性ガスや海塩粒子などが関係します。室内の空気汚染は、内装材や入館者が汚染源となります。

 個々の汚染物質ついて順にみていきましょう。粉塵は直接資料に付着して汚損するだけではなく、粉塵にはガスが吸着しているため、水分があるとガス成分が水に溶けて腐食反応が起こります。特に屋外から室内に侵入する粉塵のうち、燃焼に伴って発生した大気塵にはガスが吸着していますので注意を要します。また、入館者の靴底に付着して入ってくる土壌などもあります。

 ガス状物質については、たくさんの種類があります。例えばアンモニア

図2.24 博物館における空気汚染源
四角で囲んだ汚染源から種々の空気汚染物質が生じる。

は油絵の亜麻仁油を褐色に変化させることが確かめられています。また、硫黄酸化物があれば硫酸アンモニウムとなり、これが核となって腐食が進行します。アンモニアは博物館を建設する際に、駆体コンクリートから水分の蒸発とともに発生しますし、内装に用いる塗料にもアンモニアを発生するものがあります。また、博物館の床の清掃に用いるワックスや、入館者の汗にも含まれます。

有機酸（酢酸、ギ酸）は、日本画の顔料である鉛丹や鉛白と反応して顔料の色を変えます。有機酸は建物の内装材や展示什器など、材料の接着剤から発生したり木材のセルロースが劣化して生じます。

アルデヒド（ホルムアルデヒド、アセトアルデヒド）は、膠を硬化させますので日本画の顔料層の剥落に影響します。発生源は有機酸と同じく内装材です。

二酸化硫黄は金属を腐食させます。工場の排出ガスや火山性ガスに含まれます。窒素酸化物は金属を腐食させたり、紙染色品を脆弱化させます。発生源は、敷地内の自動車や搬入トラックの排気ガスです。

硫化水素は、火山地帯や温泉地帯で観測され、金属を腐食させます。特に、銀を含む金工品を黒く変色させます。

海塩粒子には海水の塩分が含まれていますので、粒子が付着すると塩素イオンが金属と反応して、金属が腐食します。

博物館の空気環境では、主にアンモニアと有機酸が酸アルカリ雰囲気問題として扱われています（2.3.2項参照）。

復習　化学物質の性状

資料に影響する代表的な化学物質について、展示収蔵環境で問題となるものの性状を説明します（**表 2.7**）。

アンモニアは、無色で刺激臭があり、水に溶けやすい気体です。アンモニア水はアンモニアを水に溶かしたもので、アンモニア分子が水分子から水素イオン H^+ を奪ってアンモニウムイオン NH_4^+ となり、水酸化イオン OH^- ができて弱アルカリ性（塩基性）を示します。

$$NH_3 + H_2O \rightarrow OH^- + NH_4^+$$

表 2.7 化学物質の分子量と沸点

化学物質	化学式	分子量	沸点（℃）
アンモニア	NH_3	17	− 33.35
酢酸	CH_3COOH	60	118
ギ酸	$HCOOH$	46	101
ホルムアルデヒド	$HCHO$	30	− 19.5
アセトアルデヒド	CH_3CHO	44	20.1
二酸化硫黄	SO_2	64	− 10
一酸化窒素	NO	30	− 151.8
二酸化窒素	NO_2	46	21.1
硫化水素	H_2S	34	− 60

分子量は小数点以下省略。

有機酸は、酢酸やギ酸などカルボキシル基 –COOH をもつものが多く、カルボン酸と呼ばれています。約 4%の酢酸水溶液は食酢と呼ばれ、すっぱいのは 1 個のマイナスイオンの電荷（1 価の陰イオン）をもった酢酸イオンと 1 個のプラスの電荷（1 価の陽イオン）をもった水素イオンを生じるからです。

$$CH_3COOH \rightarrow H^+ + CH_3COO^-$$

ギ酸の水溶液は、 1 価のカルボン酸のなかでは最も強い酸であり、腐食性があります。

$$HCOOH \rightarrow H^+ + HCOO^-$$

アルデヒドはアルデヒド基 –CHO を有する有機物質で R–CHO で表されます。多くのアルデヒドは特有の臭気があり、還元性をもち、酸化されてカルボン酸になります。代表的な物質としてシックハウスで問題となっているホルムアルデヒドとアセトアルデヒドがあります。ホルムアルデヒドは強い刺激臭がある気体で水に溶け、40%の水溶液がホルマリンです。ホルムアルデヒドを酸化するとギ酸が、アセトアルデヒドを酸化すると酢酸ができます。

二酸化硫黄は無色で刺激臭のある有毒な気体です。硫黄が燃焼して生じます。別名、亜硫酸ガスと呼ばれます。二酸化硫黄は大気中で・OH ラジカル（電子を引き寄せる傾向が強く、反応しやすい物質）によって酸化され、硫酸になります。

2.3 室内空気汚染 **53**

$$SO_2 + \cdot OH + M \rightarrow HOSO_2 + M$$

$$HOSO_2 + O_2 \rightarrow HO_2 + SO_3$$

$$SO_3 + H_2O \rightarrow H_2SO_4$$

（M：触媒のように働く物質）

硫酸は解離すると、水素イオンを2個出して酸性を示します。

$$H_2SO_4 \rightarrow 2H^+ + SO_4{}^{2-}$$

窒素酸化物の代表的な物質は、一酸化窒素 NO と二酸化窒素 NO$_2$ です。空気を高温で熱すると窒素と酸素が反応して、一酸化窒素ができます。一酸化窒素は無色の気体で、空気中で酸化されて二酸化窒素になります。二酸化窒素は・OH ラジカルにより硝酸になります。

$$NO_2 + \cdot OH \rightarrow HNO_3$$

硝酸は水中で水素イオンを生じます。

$$HNO_3 \rightarrow H^+ + NO_3{}^-$$

硫化水素は水に溶けやすく空気より重い気体です。無色で特有の悪臭があり有毒です。火山や温泉地帯で「硫黄くさい」というのは、硫化水素の臭いです。銀が硫化水素に触れたりすると、黒色の硫化銀ができます。

$$2Ag + H_2S \rightarrow Ag_2S + H_2$$

海塩粒子は海面に生じた気泡が破裂するとき、気泡を包んでいる海水膜が微小水滴となって飛散してできたり、気泡が破裂した後に形成される水柱が分裂して微小水滴となってできます。また、海岸で発生するしぶきによって生成される大きな海塩粒子もあります。組成は海水の組成に依存するので、塩素イオンやナトリウムイオンが多く含まれます。

2.3.2 室内汚染物質の測定

　博物館における室内空気中の汚染物質の測定は、空気中の汚染物質の濃度を精密な測定で知る必要がある場合と、簡便な測定により、室内の環境が清浄なのか、汚染されて対策が必要なのかといった判定ができればよい場合があります。簡便な測定の利点は、操作が単純であること、安価で測定できること、現場でただちに測定結果が得られることです。

54　第2章　博物館資料の保存環境

ここでは、博物館の室内空気環境で問題となっている酸アルカリ雰囲気に関係するアンモニアと有機酸の測定について述べます。

A. パッシブインジケータ法＜簡便法＞

文化財施設での使用を前提につくられたもので、桃色のアンモニア用と青色の有機酸用の 2 種類があります（**図 2.25**）。24 mmϕ（厚さ 8 mm）小型の円筒形状で、検知剤確認面と通気孔面となっています。通気孔面を測定したい環境に向け暴露し、検知剤が対象ガスに反応し、確認面の中央から黄色に変化します。検知剤確認面には 13 mmϕ の枠が印され、決められた暴露期間で検知剤確認面の枠内が全面変色（完全変色）したかで濃度値がわかります。アンモニアは 4 日間で完全変色したら 30 ppb、酢酸は 4 日間で完全変色したら 170 ppb、7 日間では 100 ppb となります。まったく変色がない場合から、完全変色した場合と、その途中段階では、中央の黄色の変色部分の多さが変わりますので濃度レベルを推定します。

測定を終え時間が経つと変色部分が変化しますので、スキャナーやスマホで撮影し暴露日数とともに記録します。

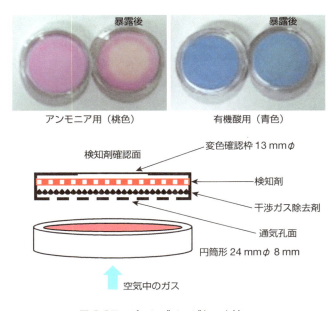

図 2.25　パッシブインジケータ法

この方法は評価が得られるまで曝露する日数は要しますが、精密測定法で得られる結果との相関がとれています。

B. ガス検知管法＜簡便法＞

文化財施設用としてアンモニア用と有機酸用の2タイプのガス検知管があります（**図 2.26**）。ガラス管に検知剤を詰め込んだガス検知管の両端をカットし、専用のポンプを用いて所定の流量で1時間空気を検知して管内に送り込み、変色した部分の長さから濃度を読みとります。この検知剤には測定するアンモニアや有機酸以外にも反応する別のガスの影響がありますので、検知管を売っているメーカーの注意書きをよく読んで使うことが大切です。

文化財施設用以外にもいろいろな種類のガス検知管が市販されています。シックハウスで問題となるホルムアルデヒドを測定できるものもあります。

C. 精密法

空気中のアンモニア、酢酸、ギ酸濃度を測定できます。試料空気を捕集し、分析室に持ち帰り化学分析または機器分析します。**図 2.27** に示すような方法で、室内空気を吸引ポンプによりインピンジャー（ガラス瓶）の吸収液に吸引して捕集します。溶けた空気中のイオン成分をイオンクロマトグラフ分析計で分析すれば、アンモニア、酢酸、ギ酸濃度が測定できます。

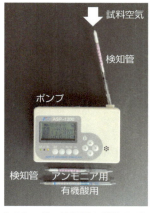

図 2.26　ガス検知管と捕集用ポンプ

図 2.27　精密測定法の空気の捕集

復習 濃度を表す単位

　空気中の汚染物質の濃度は単位体積あたりの空気に存在する物質の量で表します。単位は、mg/m³、μg/m³ などの重量濃度で示す場合と、空気中のガスの気体どうしの体積比として ppm（parts per million；mL/m³）、ppb（parts per billion；μL/m³）などの体積濃度で示す場合があります。体積濃度で示す場合は、気温を付記しなければなりません。重量濃度と体積濃度の値は変換することができます。

（例）22℃の室内でアンモニア 30 ppb（30 μL/m³）を重量濃度に換算するには？

　標準状態（1 気圧、0℃）では、ガス成分の 1 mol あたりの重量は22.4L です。アンモニアの分子量は 17 ですから、標準状態ではアンモニア 17 g が 22.4 L となります。気体はボイル－シャルルの法則に従い、温度に比例して膨張し、圧力に比例して圧縮されます。0℃を基準にすると t ℃の体積 V_t は、$V_t = V_0 \times (273 + t) / 273$ になり、この分の温度補正を行います。気圧の補正については、数十 Pa 程度では影響は少ないので 1 気圧として扱います。

　よって、22℃におけるアンモニア濃度 30 ppb の重量濃度 C は、下式に $C' = 30$、$M = 17$、$t = 22$、$P = 1{,}013$ を代入して、21μg/m³ となります。

$$C\,[\mu g/m^3] = C'\,[ppb] \times (M/22.4) \times 273/(273 + t) \times P/1{,}013$$

2.3.3 室内汚染物質の対策

　空気汚染のほかに温湿度、カビ、光などさまざまな環境因子が資料の劣化に影響しますので、総合的に対策を施すことが必要です。

　対策を立てるにあたっては、最初からすべての対策を立てようとするのではなく、保存環境づくりでいわれている、「回避、遮断、発見、対処、復帰」という段階に分けて対策を立てることが大切です。基本原則は、

　1. 汚染物質を館内に持ち込まない
　2. 館内で汚染物質を発生させない

3. 汚染物質が発生したらすぐにとり除く

4. 展示ケースや収納箱などのせまい空間に注意する

5. 資料が置かれている環境を監視する

です。このうち回避と遮断に密接に関係するのが、1 ～ 3 で、博物館の建築構造や空調技術が役割を果たします。

1. 汚染物質を館内に持ち込まない

博物館で屋外の汚染が侵入する経路は、外気と接する玄関や、外部からの資材の搬入口があります。入館者の出入りに伴い扉が開放されれば、外からの風によって、大気汚染が直接展示室に侵入します。

そこでとられる対策は、玄関の出入り口に風除室を設けることや、収蔵庫では前室を設け直接外気と接しないように部屋を配置することです。また、室内を正圧（室外より高い圧力。p.75 参照）に保つなどして、扉を開けたときに、外気が入らないようにします。

入館者に付着して持ち込まれる土ぼこりなどもあります。収蔵庫に入る際には、靴を履き替えたり、粘着マットで靴底の汚れをとるなどします。

博物館の空調機には、外の空気を館内にとり入れる役目があります。空調機には粉塵をとるエアフィルタしか付いていないため、ガスはとり除くことができませんから、外のガス状汚染物質はそのまま室内に導入されます。空調機にガス除去フィルタをとりつければ、汚染物質となるガスの侵入も防ぐことができます。

2. 館内で汚染物質を発生させない

館内で汚染物質を発生させないためには、発生源を最初から持ち込まないことと、なるべく少なくすることです。建物の内装材料のコンクリートからアンモニアが発生しますが、発生を減らす方法として、展示収蔵をはじめるまでに十分な枯らし期間を設ける方法があります。また、アンモニア発生量の少ないコンクリートを用いることも対策のひとつといえます。枯らし期間が十分にとれない場合は、コンクリート表面にガス吸着シートを貼り付ける方法があります。

基本用語 枯らし

コンクリートが固まる（硬化する）ときに、表面から水分が蒸発し、その現象に伴ってアン

58 第 2 章 博物館資料の保存環境

モニアガスが発生します。発生量は時間の経過とともに減少しますので、時間をかけてアンモニアガスの発生を減少させることを枯らしと呼びます。

　コンクリート以外の内装材からは有機酸やアルデヒドが発生します。対策としては、コンクリートの場合と同様、これらのガスの発生量が少ない材料を選定したり、ガスを放散させるための十分な乾燥期間を設けます。合板類の木質材料については、ホルムアルデヒドの放散量に関する規格が定められていますので、放散量が少ない建材等級（F☆☆☆☆）を選定します。塗料についても有機溶剤が含有していないものを用いて、汚染影響をなるべく低減させます。

3. 汚染物質が発生したらすぐにとり除く

　室内に堆積した粉塵や汚れは清掃などでとり除きますが、清掃では床面に落下した粉塵や壁に付着した汚れしかとれません。空気中に漂っている細かい粉塵やガスは空調機によってとり除きます。空調機を運転しているときには、室内の空気は空調機を通して循環しているのできれいになります。入館者からは、アンモニアや炭酸ガスが発生しますが、入館者が多い場合は、換気の量を多くすると屋外の新鮮な空気により希釈され、ガス濃度は下がります。また、内装材から発生しているガスも、換気の量を多くしてとり除きます。空調機でアンモニアや有機酸を除去するには空調機に専用のガス除去フィルタの装着が必要です。

　発生源が内装材であることがわかっている場合、空調によらない対策として、表面にガス吸着シートを貼りつけ、室内にガスが放散する前にとり除く方法があります。

4. 展示ケースや収納箱などのせまい空間に注意する

　資料を展示ケースで展示する場合や、収納箱に収納する場合は、十分注意する必要があります。注意すべき内容は、いままでの3つの原則に共通したことですが、特にせまい空間では汚染が生じやすいことからとり上げました。展示ケースは調湿機能を優先するために密閉性をよくしています。密閉した空間は換気量が少なく、展示ケース内はせまい空間なので発生する汚染が少量でも汚染濃度が高くなります。

　対策としては、展示ケースに用いる内装材や展示架台などは、ガスの出

2.3　室内空気汚染　**59**

にくい材料や十分乾燥している材料を選ぶことです。ケース内の汚染濃度が高い場合は、ケース内にガス吸着シートを貼りつけたり、吸着剤を置くのもひとつの方法です。また、閉館時に展示ケースの扉を開けて換気するのも効果があります。

5. 資料が置かれている環境を監視する

資料が置かれている展示環境や収蔵環境を監視し、異変が確認されたらいち早く対処することが大切です。

展示替えには、多くの空気汚染源が持ち込まれるので見落としやすくなります。カビくさいとか変わった臭いを感じたら注意が必要です。展示ケースについては、扉を開けたときに臭いを嗅ぐなどして注意します。

現場では簡易測定法により環境をチェックします。精密測定は専門会社に依頼することになりますが、博物館側からは、調査項目を指示します。測定点には対象としている場所と対比ができる場所も設定することが大切です。展示ケース内の測定であれば、展示ケースが置かれている展示室も測定することで比較します。

2.3.4 空調設備

空調設備とは、空気調和設備のことで、室内の空気の温度、湿度、清浄度、気流をコントロールする設備です。

A. 換気

換気とは、室内の汚れた空気を外の清浄な空気に入れ替えることです。戸建て住宅では、台所で換気扇を運転したり、トイレの排気ファンを運転したりすることによって行う機械換気と、窓を開けて外の空気と室内の空気を入れ替える自然換気があります。機械換気の仕方には、空気を室外へ排出する排気方式、空気を室内に送り込む給気方式、排気と給気の両方を同時にする方式の3つのやり方があります。給気専用のファンと排気専用のファンがあると確実に換気ができます。

機械換気の場合、使用する機械の換気量がわかり、室内の汚染発生量が一定で、かつ汚染物質が拡散していれば、室内の汚染濃度は次式で表すことができます。

$$C = C_0 + M/Q$$

C ：室内汚染濃度（ppm や mg/m³ など）
C_0：外気の汚染濃度（ppm や mg/m³ など）
M ：室内汚染発生量（mL/h、mg/h など）
Q ：換気量（m³/h）

また、換気量 Q を部屋の容積 V（m³）で割った値を換気回数 n（1/h）と呼びます。

B. 空調機

博物館のように大きな建物では換気扇ではなく、空調機によって換気します。空調機を用いた空気浄化と空気の流れを**図 2.28** に示します。外の空気（外気）が空調機を介して室内に給気され、一方で、室内の空気が外へ排気されますので換気が行われていることがわかります。空調機の役目には、換気以外に、温度や湿度の調整があります。給気をすべて外の空気で行うと、冬は一旦暖めた空気を、夏は冷たい空気を捨ててしまうことになりますから、多くのエネルギーがかかります。そこで、部屋の空気を戻すしくみ（還気）になっています。夏は部屋で発生した照明や入館者から出た熱を除き、冬は隙間から入ってくる冷気などで冷やされた空気を暖め直して、湿度も調整したうえで部屋に送り返します。

空調機には、換気のほかに粉塵をとるエアフィルタも空調機の中に組み込まれており、ここで外の汚れと室内の汚れをとり除き部屋にきれいな空気を送ります（給気）。

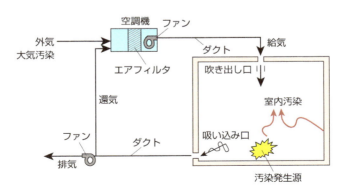

図 2.28　空調機による空気浄化

外からとり入れる空気の量を排気の量より多くすると、部屋の空気の圧力は高くなるので、ドアの隙間などから空気が外へ出ていきます。このような状態を正圧といいます。空調設備は、空気の流れを形成する役目ももっているのです。

C. ガス除去フィルタとガス吸着シート

空調機にさらにガス除去フィルタをつければ、ガスの除去ができます。ガス除去フィルタとは吸着剤をフィルタの形に加工したものです。フィルタをシート状にしたものが、ガス吸着シートと呼ばれます。代表的な吸着剤として、活性炭があります。

また、ガスの種類には吸着しにくいものもあります。そこで、より確実に除去するために、活性炭にさらに化学反応による除去機能を付加したのが、添着活性炭というものです。例えば、リン酸 H_3PO_4 を活性炭に添着したガス除去フィルタは、

$$NH_3 + H_3PO_4 \rightarrow (NH_4)H_2PO_4$$

という反応を利用してアンモニアを除去します。

〈参考文献〉

1) 佐野千絵、呂俊民、吉田直人、三浦定俊:『博物館資料保存論—文化財と空気汚染—』、みみずく舎（2010）
2) 堀雅宏:『環境化学計測学—環境問題解決へのアプローチ法としての環境測定—』、共立出版（2006）
3) 社団法人日本空気清浄協会 編:『室内空気清浄便覧』、オーム社（2000）
4) 社団法人日本建築学会 編:『シックハウスを防ぐ最新知識—健康な住まいづくりのために』、日本建築学会（2005）

〈参考 Web サイト〉

https://www.naigai-technos.co.jp/products/eco/

https://www.komyokk.co.jp/product/004/003/0078.html

2.4 生物被害

　資料に悪影響を与えるさまざまな要因のうち、生物被害は短期間で甚大な被害に発展する可能性をもちます。そのため、被害を発生させない環境づくりとともに、被害を発見したらただちに対処できる体制を日頃から整えておく必要があります。ここでは博物館・美術館という屋内環境における生物被害の代表的なものとして、虫とカビの問題をとり上げます。ネズミなど小動物による被害もありますが、これは建物を外界からきちんと遮断するなど、施設面での対処が中心となるので、ここではとり上げません。

2.4.1 虫とカビによる被害

A. 博物館の資料を加害する虫

　資料を食害・汚染したり、あるいは資料に営巣したりして、直接、加害する虫の大半は、分類学上では昆虫上綱に属します。なかでも特に注意すべきなのが、コウチュウ目、チャタテムシ目、シミ目、チョウ目、ゴキブリ目、シロアリ目、ハチ目、ハエ目に属する虫であり、このうち代表的なものを以下にあげます。

基本用語　昆虫上綱
生物の分類単位は、界・門・綱・目・科・属・種の7つを基本としています。昆虫類は、動物界、節足動物門、昆虫上綱に属します。昆虫の成虫は、頭部・胸部・腹部の3部門からなり、頭部に触角が1対、胸部に歩脚が3対あります。

◆コウチュウ目

　資料を加害する虫のなかで最も種類が多いのはコウチュウ目です。コウチュウ目は全動植物の種類の4分の1を占めるといわれ、生物界で最大のグループとして知られます。コウチュウ目の体は角質化した表皮で覆われ、手で握りしめても壊れません。

　ヒラタキクイムシ科のヒラタキクイムシやナラヒラタキクイムシの幼虫は、木材に含まれるデンプンを栄養分として木材の内部を食害しながら成

長し、羽化するときに孔をあけて脱出します。そのため被害を受けた資料では、木材の表面に直径 2 mm ほどの脱出孔が多数現れ、その下に虫粉（フン、かじり屑）が落ちているのが発見されて初めて被害に気づくことが多くあります（**図 2.29**）。被害が進むと、木材の表層部を残して内部はすべて粉状になってしまいます。カミキリムシ科の昆虫もまた、木材を食害します（**図 2.30**）。ナガシンクイムシ科のチビタケナガシンクイやニホンタケナガシンクイは、主に竹材を加害し、時には内部が粉状の虫粉になってしまいます。

シバンムシ科の昆虫のうち、ケブカシバンムシは特に古材を好みます。一方、フルホンシバンムシの幼虫は、書籍や巻物などの表面に直径 1 mm 程度の円形の虫孔をあけ、そこから貫通食害していきます（**図 2.31**）。タバコシバンムシやジンサンシバンムシは雑食性でさまざまなものを食害します（**図 2.32**）。

ヒョウホンムシ科の昆虫は、各種の動植物質を加害します。カツオブシムシ科のヒメマルカツオブシムシやヒメカツオブシムシも雑食性で、衣類なども加害対象となるので要注意です。

◆チャタテムシ目

コナチャタテ科は、成虫でも体長が 1 〜 2 mm 程度と小さく、肉眼でとらえにくいのですが、博物館での発生頻度が高い虫です。書籍、動植物標本、各種貯蔵食品などを加害し、また発生したカビも食べます。チャタテムシ目による被害が発生したときは、高湿な環境であることと、カビの発生を疑う必要があります。

◆シミ目

シミ科のヤマトシミは、特に書籍・古文書を加害します。糊づけしている題箋部分や、掛軸や巻物の表面をかじりとりますが、シバンムシ科のように奥まで孔をあけることはありません。チャタテムシ目と同様、シミ目は高湿な環境を好むため、シミ目による被害が発生した場所の湿度は高いという指標になります。

近年、日本から初めて記録された新たな文化財害虫があります。紙を加害するニュウハクシミという害虫で、外来種と考えられています。他のシミ類に比べて繁殖力が非常に高く、危険視されています。

64 第 2 章 博物館資料の保存環境

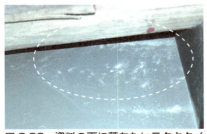

図 2.29　資料の下に落ちたヒラタキクイムシの虫粉

図 2.30　カミキリムシ科の昆虫による木製資料の被害
虫孔と虫粉が見られる。

図 2.31　フルホンシバンムシによる書籍の被害
〔写真提供：木川りか氏〕

図 2.32　資料に発生したシバンムシ科の昆虫

図 2.33　イガによる被害
食害した繊維などで円筒形の鞘がつくられている。

図 2.34　コイガによる被害
フェルト内部が食害され、ところどころ穴があいている。

図 2.35　アメリカカンザイシロアリの砂粒状の糞

図 2.36　コガタスズメバチの巣

2.4　生物被害　　65

> **基本用語　題箋**（だいせん）
> 題箋とは、古典籍の表表紙に貼られている、外題（タイトル）を描いた紙片のことです。

◆チョウ目

　ヒロズコガ科のイガとコイガは、毛織物や毛皮などの害虫として知られます。イガの幼虫は、毛織物などを食害するとき、吐糸して食害した繊維で円筒形の鞘（さや）をつくります（**図2.33**）。コイガの幼虫は、光を避け、毛織物などの内部にトンネル状の巣をつくります（**図2.34**）。成虫が飛んでいるのを見て被害に気づくことが多いのですが、そのときはすでに加害された後です。

◆ゴキブリ目

　ゴキブリ目は、温暖で高湿な環境を好みます。博物館では、併設するレストランが発生源となる場合が多いので、調理くずはその日のうちに回収するなど清潔を心がけましょう。ゴキブリ目は雑食性で、食物だけではなく、木材、書籍、皮革など広範な動植物質を食害します。糞（ふん）による汚染も問題です。

◆シロアリ目

　シロアリ目は、木材一般を食害します。ミゾガシラシロアリ科のイエシロアリやヤマトシロアリは、地中から蟻道（ありみち）をのばして木造建造物に侵入し、しばしば大きな損害を建物に与えます。鉄筋コンクリートの建物でも床下に古材が残されていたため、そこからシロアリが発生した事例があり、注意が必要です。シロアリは、女王・王、副女王・副王、職蟻、兵蟻などの階級に分かれて生活しており、このうち食害するのは職蟻です。

　乾材シロアリは、蟻道によって移動することはありませんが、有翅虫（ゆうしちゅう）の群飛により建物や資料に侵入します。北米原産のレイビシロアリ科アメリカカンザイシロアリの被害も増えてきました（**図2.35**）。

◆ハチ目

　ハチ目は、建造物内に巣をつくったり（**図2.36**）、あるいは木材を穿孔（せんこう）し、そのなかに営巣したりすることで、建造物などを汚染します。

◆ハエ目

　ハエ目は、直接的に資料を食害することはありませんが、排出物により

66　第2章　博物館資料の保存環境

資料を汚染することがあります。博物館では外から侵入するケースが多いようです。

◆その他

このほかにもバッタ目（カマドウマ科、コオロギ科）の被害も報告されています。また、博物館ではアザミウマ目、カメムシ目、トビムシ目、ハサミムシ目、そして昆虫以外ではクモ目、ワラジムシ目、ヤスデ類、ムカデ類などが捕獲されることがあります。これらの生物は博物館の資料に直接的な被害を及ぼすことはありませんが、捕獲されたということは建物が外界からきちんと隔離できていないことを表すので注意しなければなりません。

博物館環境は、資料にとって安定した環境であるとともに、人にとっても快適な環境です。ということは同時に、資料を加害する虫にとっても生息に適した環境といえます。自然環境とは異なり、博物館には天敵もおらず、虫にとっては生息しやすい条件がそろっています。博物館では、虫トラップを一定期間配置し、そのなかに捕獲された虫の種類と数を調べる「生物生息調査」が普及してきました。その結果を見ると、虫の捕獲数は夏が多く、冬が少なく、春と秋はその中間となっています。また、博物館という閉ざされた環境では、捕獲される虫の種類には季節による違いはあまり見られないようです。つまり、生物被害に対する注意は、季節を問わず必要ということになります。

B. カビ

カビは真菌類の一種です。カビの胞子は自然環境ではあらゆるところに存在しています。空気中のカビの胞子は、適度な水分と栄養分があれば生育の条件が満たされ、発芽し、菌糸のかたまりとなり、さらに胞子を生産していきます。カビによる被害は不可逆的な生物反応で、いったん被害が発生すると資料は物理的・化学的に分解されてしまうので、もとに戻すことはできません。ときには着色の被害も生じます。また、多くのカビはマイコトキシンといわれる毒素を産出するため、カビ対策においては身体を防除して作業にあたりましょう。

資料に直径3〜5mm程度の白っぽい、もしくは色のついた斑点が現れ

図 2.37　資料表面のカビ

た場合、カビの発生を疑う必要があります。カビは、最初はポツポツと間隔をあけて発生することが多く、その形態は、目視だけでも、あまりかさ高くないもの、フワッとしたふくらみのあるもの、という違いが見てとれます。カビが活発に繁殖しているときには湿っぽさとともに特有の臭いがありますが、斑点状に発生している程度だと、あまり臭いを感じないでしょう。なお、カビを発見するには、ペンライトのような点光源を使い、斜めから観察すると陰影が生まれ、透明な菌糸体でも見えやすくなります。

　資料に白っぽい物質が付着している場合は、カビとの判別が難しいことがありますが、倍率を上げて観察すれば、菌糸の有無によりカビかどうかを判定することができます。カビである場合は、斑点状に見えた部分を拡大して観察すると、白い糸状の菌糸が放射状に綿のようなかたまりをつくっている様子が見えます（**図 2.37**）。ときには、菌糸の先に色のついた胞子が見られます。目視で白っぽく見えるカビは、ほとんどが菌糸であるか、あるいは胞子の色が薄いので、白っぽく見えるのです。一方、色のついたカビは、胞子の色によるところが大きいです。胞子が特に密集しているところは、全体が盛り上がり、フワッとした形状に見えます。

2.4.2　虫害対策

A. 総合的有害生物管理（IPM）

　博物館における生物被害防除では、人に対する安全性、資料に与える影響とともに、地球規模での環境保全にも留意しなければなりません。日本

では博物館で虫やカビの被害が発生したときの抜本的対策として、臭化メチルと酸化エチレンの混合ガスによるガス燻蒸（くんじょう）という手法を広く用いてきました。しかしながら臭化メチルは、オゾン層破壊物質として規制の対象になり、日本を含む先進国では 2004 年末にその生産が全廃となりました。2005 年以降は、臭化メチル製剤を、博物館での殺虫殺菌処理に使用することができなくなったのです。

　おりしも 21 世紀を目前にした頃から、博物館の資料管理においては、それまで見落とされがちだった予防の重要性が再認識され、予防的保存（preventive conservation）が注目されるようになっていました。それは生物被害防除においても例外ではなく、農薬を大量に使用してきた農業分野ではじまった総合的有害生物管理（Integrated Pest Management：IPM）の考え方にならい、複数の防除方法を組み合わせることで、効果的に防虫・殺虫をめざす動きになってきました。IPM の目的は、身近なところから生物被害に対する意識を高めることにあります。施設の清掃をこまめに行う、資料への目配りを怠らない、このような基本事項を大切にし、虫やカビが発生しやすい環境をつくらないように努めます。そして被害が発生した場合には、化学的手法になるべく頼らず、被害の状況に応じた処置をひとつずつ、あるいは組み合わせて実施していきます。IPM をとり入れるにあたっては、Avoid（回避）、Block（遮断）、Detect（発見）、Respond（対処）、Recover/Treat（復帰）という 5 つのステップがカナダ保存研究所（Canadian Conservation Institute：CCI）から提唱されており、この順に対応することでその効果が上がります。

◆ Avoid

　まずは問題を発生させる要因を避ける、とり除くことからはじめます。建物内は、その場所の機能とともに、不特定多数の人が入るかどうかを考慮したうえで、資料管理の重要度に応じてゾーニング（区分け）をしっかりします。収蔵庫に入るときには上履きに履き替える、入口に粘着剤付き除塵マットを敷くなど、日常的に注意をするだけでもほこりや汚れの持ち込みを大幅に減らすことができます。人の出入りがある展示室などは毎日清掃します。収蔵庫は、中の収蔵品を理解している職員が周期を決めて清掃を行います。清掃には HEPA フィルタ付きの掃除機を用いるのが望ま

2.4　生物被害　**69**

しく、複数人で行うことにより掃除機を資料や棚にぶつけたり、吹き出しの排気を資料に直接当てたりという事故を未然に防ぐことができます。清掃後は、資料の目視点検を習慣づけるとよいでしょう。日本では、かつて「曝涼」（2.5節参照）という習慣があり、温湿度の安定している時期に資料点検を行っていました。これは被害の早期発見だけではなく、空気の滞留しない環境づくりにも効果的な方法でした。

基本用語 HEPA（High Efficiency Particulate Air）フィルタ
粒径 0.3 μm の粒子に対して 99.97%以上の粒子捕集率をもち、かつ初期圧力損失が 245 Pa 以下の性能をもつフィルタ（JIS Z8122 より）。

◆ Block

建物や部屋を虫の侵入から守るために、出入口やシャッターは必要なときしか開けないようにしましょう。ドアや窓に網戸をつけるのも一案です。また、借用資料は、所蔵資料とは別の収蔵庫に保管するのが望ましいです。同じ収蔵庫を使う場合には、借用資料を置く区画を定め、混在しないようにします。借用資料の区画を粘着力の高い両面テープで囲むと、万が一、区画内あるいは区画外から虫が発生したときの発見に役立ちます。

◆ Detect

早期発見により、生物被害の拡大を未然に防ぐよう努めます。最も有効なのは人による定期的な点検です。開館前や閉館後の巡回時に、虫害の被害に遭いやすい材質の資料だけでも目視点検する習慣をつけましょう。生物生息調査を実施すると、建物のどの部分でどのような虫が発生しているのか、虫の侵入経路はどうなっているのかなど、その館の虫害傾向が見えてきます。そして調査結果をもとに解決策を検討し、防虫方針を立てます。例えば外部から侵入したハエ目の捕獲数が多ければ、外部との遮断が不十分であることを示しているので出入口を徹底的に見直す必要があります。高湿度の指標となるチャタテムシ目やシミ目の捕獲数が多いときは、捕獲場所周辺の点検を強化し、カビが発生していないか確認します。また、ほこりは湿気を運ぶのでたまらないよう清掃します。天井裏の獣糞によりシバンムシ科の昆虫が大発生した事例もありますから、周辺資料のみならず、建物自体に問題がないかも検証するようにしましょう。

◆ Respond

　資料に生物被害が発見されたならば、速やかに当該資料をほかの資料から隔離します。そのうえで、害虫の種類、被害の程度、被害を受けた資料の材質、ひいては処置を行う場所、処置に費やす時間などを検討し、適切な防虫・殺虫処理を選択して対処します。

◆ Recover/Treat

　資料を安全な空間に戻します。原状復帰後は、虫害の再発を防ぐことが肝要です。そのためには虫害問題を発生させる要因をとり除く、建物や部屋を虫から守るという、IPM の最初のステップである "Avoid" や "Block"の果たす役割が重要になってきますのでくり返し見直しましょう。

B. 防虫剤

　防虫剤としては古くから、樟脳が衣類や動植物標本の防虫に使用されてきました。ペレット状の薬剤としては、かつてはナフタリン、最近ではパラジクロルベンゼンが広く市販されています。これら臭いの強い薬剤を混用すると、薬剤どうしが反応して溶け出し、思いもかけないシミを資料につけてしまうこともあるので注意しましょう。薬剤を樹脂に含浸させた吊り下げタイプのものは、その成分のジクロルボス（DDVP）に速効性があり、毒性が高いため、人が長時間いる場所での使用は避けるようにします。

　蚊取り線香の原料である除虫菊の殺虫成分はピレトリンと総称され、合成のピレトリンから多くのピレスロイド系の薬剤が生み出されています。このうち蒸散が速く殺虫力の強いタイプは、速効性がありますが、効果は長続きしません。持続効果の長いタイプは、殺虫力がやや劣りますが、忌避的効果に優れます。ピレスロイド系薬剤は、細かい霧状に噴霧するので空間を完全に密閉する必要はなく、展示場などでの使用も可能です。人に対する毒性が低いので、ある程度広い空間での利用にも適しています。ただし、ピレスロイド系薬剤には浸透性がなく、資料の奥深くにひそむ虫には効果がありません。

C. 化学薬剤を用いない殺虫処理

　二酸化炭素処理は、材質への適用範囲が広く、資料一般に用いることができます。二酸化炭素による殺虫処理は、ほかの手法に比べると安価で、多くの資料を一度に処理できます。近年、空気を通さない素材でできた大

図 2.38　大型ファスナーバッグを用いた二酸化炭素処理〔国立民族学博物館〕

型ファスナーバッグでの利用も広まってきました（**図 2.38**）。弱点としては、高湿度下では一部の金属や顔料に変色が起きる恐れがあること、カミキリムシ科の昆虫などの大型木材害虫には効果がないことが指摘されています。二酸化炭素処理は、二酸化炭素濃度 60 〜 75％で実施し、処理温度はおよそ 25℃を維持し、通常 2 週間程度かかります。

　低酸素濃度処理は、酸素濃度を低く保つ（通常 0.3％未満）ことで殺虫します。周辺温度によりますが、処理期間は通常 1 〜 4 週間程度です。温度が高いほど速く効果が現れます。酸素濃度を低くする手段としては、小型資料の場合には、酸素を通さない特殊なフィルムでできた袋に資料と脱酸素剤を入れて、酸欠状態をつくりだします。大型資料の場合には、窒素やアルゴンなどの不活性ガスで処理空間内の空気を置換します。ほかに簡便にできる手法として、大型のポリエチレン袋を用いる場合がありますが、不活性ガスを常時流すことで酸素濃度を低く維持するようにします（**図 2.39**）。

図 39　窒素発生装置とポリエチレン袋を用いた低酸素濃度処理〔写真提供：青木睦氏〕

温度処理（高温処理、低温処理）では、資料を構成する材質が処理温度に耐えられるかどうか、処理に伴う急激な温度変化に対応できるかどうかが問題です。特に複数の材質からできている資料は、材質により熱膨張（または縮小）率が異なるので、材質の境目で損傷が起きやすいのです。温度処理は、資料の内部まで確実に処理温度に達しないと効果はありません。

　高温処理での殺虫条件の目安は、55℃で6時間程度、60℃で4時間半程度です。高温処理では、高温により溶ける心配のある材質を避けるのは当然ながら、皮革製品にも注意を要します。革が劣化している状態だと熱変性温度が低くなっており、高温処理で到達する温度程度でも、コラーゲンの分子が非可逆的に熱収縮してしまう恐れがあるからです。一般に温度が上昇すると、ものからは水分が失われ、含水率の低下に伴い、乾燥、変形、亀裂などが生じます。そこで高温処理に先立って、水蒸気を通さないフィルムで資料を密封することが推奨されています。高温処理を博物館の資料に応用した事例としては、国立民族学博物館での大型木造漁船の殺虫処理があげられます（**図 2.40**）。

　低温処理では、できるだけ早く低い温度に到達させ、できるだけ長い時間維持することが求められます。現実的に実行しやすい条件として−20℃で1週間という条件が提示されていますが、確実に殺虫効果を得るには−25℃で10日間程度、−30℃で5日間程度は必要です。また資料が低温環境に保管されていた場合は、虫の低温馴化を避けるために、1か月ほど常温に慣らしてから処理を行います。資料の厚みを薄くすると、資料の中

図 2.40　展示場での大型木造漁船の高温処理〔国立民族学博物館〕

図 2.41　業務用フリーザーを用いた低温処理〔国立民族学博物館〕

心まで早く温度を下げることができます。資料を、水分を通さないフィルムで密封することにより、処理後（常温に戻る際）に資料の周辺に結露が生じるのを防ぐことができます。市販の業務用フリーザーのなかには−30℃に設定できるものもあり（**図2.41**）、本や絨毯、皮革製品、衣類など小型の資料の低温処理に利用できます。

基本用語　馴化

馴化とは、生物が異なった環境に移された場合、しだいにその環境に適応するような体質に変わることをさします。

D. ガス燻蒸による殺虫処理

　ガス燻蒸による殺虫処理は、処理にかける期間が短くてすみ、また害虫を一挙に駆除できます。しかしながら、これはあくまでも一時的な処置であり、虫害の再発を防ぐには日常的な注意が不可欠です。人や材質への影響を考えると、前述の化学薬剤を用いない殺虫処理のほうがはるかに安全性に優れています。ガス燻蒸は、ほかの手法ではどうしても対処できない場合のみに使用する、最後の手段と位置づけたいところです。

　博物館の資料に使用されている代表的な燻蒸剤には、酸化エチレン（2025年に販売中止）、酸化プロピレン、フッ化スルフリルがあります。このうち、殺虫効果と同時に殺菌効果も期待できるのは、酸化エチレンと酸化プロピレンです。なお、酸化エチレンと酸化プロピレンは、動植物のDNAに影響を与えますので、自然史の標本資料には注意が必要です。

　酸化エチレンは非常に燃えやすく、その蒸気は単独でも静電気火花などで爆発します。酸化エチレンは、金属ハロゲンと反応すると非常に毒性の強い物質が生成されるため、海水につかった資料の燻蒸には注意が必要です。酸化エチレンには発がん性があります。

　酸化プロピレンは、酸化エチレンと物性が類似していますが、毒性は酸化エチレンより低いです。酸化エチレンと同様、爆発性なので、酸化プロピレンを燻蒸空間に投薬する際は、濃度管理に細心の注意を払いましょう。

　フッ化スルフリルは低温でもよく拡散し、材質への浸透性が優れています。材質に与える影響が問題視されますが、これは薬剤に含まれる酸性の不純物に起因するため、純度の高い薬剤を用いると影響は小さくなります。

短所として、殺卵力が弱いことがあげられます。中毒時の解毒剤はありません。

　いずれの燻蒸剤もそれぞれに長所と短所がありますので、資料の材質や用途を考慮して慎重に選ぶようにします。また、どうしてもガス燻蒸でなければならないのかという問いかけも必要でしょう。

　なお、化学薬剤を用いない殺虫処理、ガス燻蒸による殺虫処理、いずれにおいても環境への負荷、人体への影響、あるいは用途の限定などにより、今後、国内外で使用が難しくなることが予想されます。社会の動向に注目しながら博物館における殺虫処理の課題にとりくんでいかなければなりません。

2.4.3 カビ対策

A. カビの防除

　カビの生育には、酸素、水分、栄養源が必要です。博物館の資料はいずれも、カビにとっては格好の栄養源となります。博物館でのカビ防除では、酸素をなくすことは現実的ではないので、汚染物質の削減や湿度のコントロールなどの予防措置が基本となります。

　外部からの汚染物質の侵入を防ぐには、空調ダクト内に HEPA フィルタを設置することが有効です。室外から塵埃が侵入しないよう、隣接空間との間の扉からは空気が流れ込まないようにします。その際、室内を周囲に対して正圧となるように空調の送風機などを調整すると効果的です。

基本用語　正圧
正圧とは、通常の外気圧よりも気圧が高い状態をさします。例えば換気の際、給気のみを続けると、室内は正圧になります。

　定期清掃により室内環境を清浄に保つことも大切です。室内の汚染物質の除去には、空気清浄機が有効に働きます。空気清浄機は、本体内のファンで空気を吸い込み、フィルタを通して空気中の汚染物質を除去し、きれいになった空気を部屋に戻す役割をします。空気清浄機の吸い込み口周辺

は、ほこりがたまりやすいので掃除機でこまめに吸いとります。フィルタは、目詰まりしないよう定期的に清掃したり交換したりします。

　一般にカビの発生しやすい材質の場合、温度25℃のとき、相対湿度が70％だとカビは数か月で繁殖し、75％を超すとその速度は急激に速まり、90％ではわずか2日で目に見える程度まで繁殖するといわれています。南北に細長い日本列島では、温度や湿度は場所により異なり、また四季を通じても変化します。そのため年間を通じた、温度と湿度の測定と記録が大切です。**図2.42**は、東京と沖縄（那覇）の2010年4月から2011年3月にかけての月平均温度と月平均湿度を比較したものです。那覇では、特に5月後半から10月にかけては、温度25℃以上、相対湿度70％を超える日々が続き、カビが発生しやすい環境になっています。東京でも6月から10月にかけては、月平均の相対湿度が70％近くになります。

　図2.42は、屋外の測定結果であり、建物内では温湿度の影響は緩和されます。しかし、資料の密集している場所は、空調の有無にかかわらず、空気が滞留して湿気がこもりやすく、カビが発生しやすい環境になります。空調は、通常、部屋に何もない状態で設計されていることが多く、その効果が棚の奥まで達しているとはかぎりません。また同じ部屋でも測定地点の高さにより、温度や湿度が異なる場合があります。湿気は下にこも

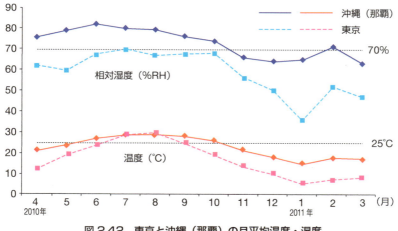

図2.42　東京と沖縄（那覇）の月平均温度・湿度
（2010年4月〜2011年3月、気象庁データより）

りやすいことを念頭において、温度・湿度データロガーを複数の場所、そして異なる高さに設置し、その部屋における温湿度の分布をつかむとよいでしょう。その結果によっては、湿気だまりとなる下の棚には資料を置かないなど予防対策をとるようにします。

　空気が滞留しているかどうかの判断は、微風速計による測定結果をもとにしますが、この測定自体が困難です。微風速計のそばに人がいるだけで温度が上がり、風が発生し、正確な測定ができなくなるからです。東京文化財研究所では、色のついたビニールひもを細かく裂いて棚の縁に配置し、その動きを撮影することを推奨しており、これは安価で簡便なよい手法といえます。カビが発生していない清浄な環境であれば、扇風機などでゆるやかに風を送って空気の滞留を防ぎます。

　空気が滞留している場所は多くの場合、湿度が高くなっています。除湿機を稼働させる場合は、一定の水位に達すると自動的に機械が停止するように設定されているか、あるいは、ホースなどを介して既存の排水口につなげられているかなど、回収した水の排水方法を確認しておき、水があふれるのを未然に防ぐようにします。

B. カビ発生後の対応

　カビを発見したら、まずはその緊急度を判断します。被害がどのくらい広がっているのか（部屋全体なのか一部の空間だけなのか）、カビの程度（胞子の有無、カビの色、乾燥しているかどうか）を調査します。調査結果を平面図に書き込むと、被害の状況がつかみやすいでしょう。カビの胞子を散らさないように注意しながらセロテープなどでサンプリングしておくと、のちの参考試料となります。

　次に、カビが発生している資料は、周辺資料への被害拡大を防ぐために、ほかの資料から隔離します。資料を動かす場合には、マスクや使い捨ての手袋を着用し、直接カビを吸い込んだり触れたりしないようにします。カビの胞子を飛散させないよう注意しながら、ポリエチレン袋（できれば厚手（0.1 mm 以上）のもの、もしくは 2 ～ 3 枚重ねたもの）の中に資料を入れます。資料に湿り気がある場合には、カビを不活性化させるために、湿度を下げる手段をとります。急激な湿度変化を避けるため、資料を隔離したポリエチレン袋内に、調湿剤や和紙など湿気を吸着するものを入れ、

湿度を徐々に下げるようにします。

基本用語 カビの不活性化

カビの不活性化とは、カビ発生資料を置く空間の湿度を、カビ胞子が発芽する湿度以下に下げ、これ以上カビが広がらないようにすることをいいます。

　カビが乾燥した状態であれば殺菌処理に進みますが、少しでも不安があれば専門家に相談しましょう。処理にあたっては、ほかの資料と共存しない場所、そして薬剤を使用するので換気のよい場所に作業区画を確保しましょう。例えば民俗・民族資料の場合、材質にもよりますが、資料の裏面や目立たない箇所で、アルコールにより色落ちなどの影響がないことが確認できたら、エタノールを用いた殺菌処理ができます。エタノールは、最も殺菌力のある70％に希釈したものを用います。エタノールは揮発性がある（気化しやすい）ため、使用する量のみ小分けにして用いましょう。作業者の安全確保のために、防護のためのマスクと手袋を着用します。資料全体にエタノールを噴霧するときには、クロマト用噴霧器を用いると噴霧粒子の細かなエタノールを均一に資料に噴霧することができます。細部の処置には、綿棒や筆を適宜用いると便利ですが、エタノールのつけすぎを防ぐため、余分な液は紙ワイパーなどで吸いとって使うようにしましょう。色落ちの心配がある場合には、掃除機など吸引できる機器の近くで、資料を傷つけないよう注意しながら、やわらかな筆や歯ブラシでカビを払います。ただし、これはカビ跡の除去であって、殺菌処理ではありません。

　資料だけではなく、カビが発見された箇所（棚など）も同様にエタノールを噴霧し、紙ワイパーで拭き掃除をします。殺菌処理に使用した紙ワイパー、綿棒、掃除機のパックは、ポリエチレン袋に入れて密封し、その日のうちに捨てます。着用した作業着は、作業終了後に洗濯します。

　資料ごとに、カビ発生と殺菌処理を行った記録を残すことが望ましく、資料全体の写真とカビが発生した部分の、処置前後の写真を忘れずに撮影し記録するとよいでしょう。

　資料にカビが発生したということは、その周辺空間にカビの胞子が多く存在することを意味するので、同じ空間にある資料はすべて目視点検します。また、カビが発生したということは、その場所の湿度が高い（あるい

は高かった）ということでもあります。部屋を乾燥させようと単に送風するだけではかえってカビの胞子を散らしてしまうので、カビの胞子をとり除ける HEPA フィルタ付の空気清浄機を活用して空気を動かします。

　そして最も重要なのは、カビの再発を防ぐことです。空間を清浄に保つことに留意し、また局所的にも湿度が高くならないよう日頃から注意を怠らないようにします。なお、文部科学省の Web サイトに詳細な「カビ対策マニュアル」が公開されているので、参考にしてください。

〈参考文献〉

1) 独立行政法人文化財研究所東京文化財研究所 編：『文化財害虫事典』、クバプロ（2001）

2) CCI (Canadian Conservation Institute): Framework for Preservation of Museum Collections, wall chart (1994)

3) 木川りか、長屋菜津子、園田直子、日高真吾、Strang, T.：博物館・美術館・図書館等における IPM—その基本理念および導入手順について—、文化財保存修復学会誌、**47**、76-102（2003）

4) 日髙真吾、伊達仁美、後出秀聡、木村広、木川りか、三浦定俊：民俗資料等の二酸化炭素による殺虫処理の実例、文化財保存修復学会誌、**46**、76-95（2002）

5) 森田恒之、園田直子、日髙真吾：大型民族資料の虫害防除法—加湿空気を用いたオン・サイト殺虫法—、国立民族学博物館研究報告、**28**(4)、539-570（2004）

6) 園田直子：温度処理法による文化財の殺虫処理について、文化財の虫菌害、**59**、3-11（2010）

7) Michalski, S.: Guidelines for Humidity and Temperature in Canadian Archives, Technical Bulletin, 23, CCI (2000)

8) 島田潤：文化財害虫の被害と日本初記録のシミについて、文化財の虫菌害、**86**、8-13（2023）

〈参考 Web サイト〉

文部科学省、カビ対策マニュアル：

http://www.mext.go.jp/b_menu/shingi/chousa/sonota/003/houkoku/1211830_10493.html

2.5 伝統的保存方法

　文化財（資料）の伝統的保存方法は「曝涼」の名で知られています。正倉院でも 1959 年（昭和 34 年）まで正倉の中で宝物の曝涼を行っていましたが、現在はその精神を引き継ぎながらも、これにさまざまな工夫・改良と保存科学の技術や知識を加えながら近代的な収蔵庫に収められたすべての宝物について、一年に一度必ず「点検」を行っています。ここではその実際について紹介します。

2.5.1 曝涼

　曝涼とはふだんは倉（収蔵庫）にしまってある文化財を、良好な保存状態を維持するため、倉から出し、太陽光に曝し、風を通す作業のことです。強力な防虫剤や防カビ剤、あるいは倉の温湿度を調整するためのエネルギーが事実上使えなかった時代において、大切な文化財を預かる人たちの想いと知恵が結集された保存のための常套的手段でした。

　このようなやり方は中国では相当古くから行われていたとみえ、後漢の人、崔寔が著した『四民月令』（漢代の歳時と農事について記した本）7月7日の条に「曝経書及衣裳」とあり、本格的な夏に入る前の季節に経書や衣裳の曝涼をすべきであることが記されています。

　日本で最も古い曝涼の記録は正倉院宝物についてのものです。聖武天皇の御遺愛品が最初に東大寺大仏に献納された 756 年（天平勝宝 8 歳）からちょうど 100 年の間に 4 回の曝涼が行われたことが記録にみえます。

　わが国における曝書（書簡・経巻の曝涼）の実施時期は、平安時代後期には中国の伝統の影響を受けてのことか、7月7日と定められるようになりましたが、室町時代以降になるとこれに幅をもたせる格好で、酷暑の時期ということになりました。

　正倉院は明治時代になってそれまでの東大寺から新政府の管理下に置かれるようになりますが、1883 年（明治 16 年）からは曝涼を 1 年に 1 回実

施することになりました。当初は古制にならい、7〜9月の夏の暑い時期に実施されていましたが、1895年（明治28年）から、現在と同じく10月の冷涼な時期に変更されました。1900年（明治33年）発行の『図書館管理法』では曝書の時期として年間で最も空気が乾燥した時期である10〜11月を推奨していますので、正倉院の曝涼時期の変更もこのような考え方に影響されたのかもしれません。

　古くからの伝統を尊重して、伝統のある社寺ではいまでも「土用干し」と称し、7月末〜8月初旬の夏の暑い盛りに文化財の曝涼を行うところが少なくありません。ただしこの時期に、倉の内外で肉体に負担のかかる作業を行うのは、大切な文化財の安全なとり扱いという観点からは問題が多く、また作業者の汗が何らかの形で収蔵品に付着する危険性も高くなります。さらにこの時期は虫が活発に活動するため、侵入している虫を見つけやすいという利点がある反面、外部の虫を倉内に招き入れやすいという欠点もあります。カビについても、むしろ暑さのピークが過ぎた頃のほうが、発生状況を確認しやすいということもあり、現代では、これらについての対策がないかぎり、夏の暑い盛りに曝涼を行うのは推奨できません。

2.5.2 正倉院・正倉院宝物

　正倉院正倉（**図 2.43**）は総ヒノキ造り、高床式、瓦葺、寄棟造りの建造物です。大きさは間口33 m、奥行き9.4 m、床下2.7 m、総高14 mで、間口方向が南北となります。40本の束柱の上に北倉・中倉・南倉からなる三倉が組み上げられています。断面が三角形に近い校木を井桁状に組み上げたいわゆる校倉造りは北倉と南倉のみで、これにはさまれた中倉は外部に接する壁面を板壁としています。また各倉は1階、2階、天井裏の3層からなります。

　聖武天皇（701〜756年）は深く仏教に帰依し、東大寺を建立しました。東大寺の倉庫の一棟であった正倉院正倉の正確な創建年代は不明ですが、752〜756年（天平勝宝4年〜8歳）のあいだに建造されたと考えられています。当初から北倉は勅封倉（開閉に天皇の勅許を要する倉）であり、ついで平安時代中頃に中倉が勅封倉となり、南倉は明治時代になってから

2.5　伝統的保存方法　**81**

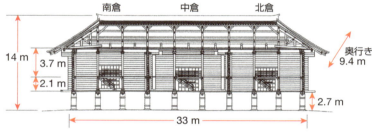

図 2.43　正倉院正倉

勅封倉となりました。756 年（天平勝宝 8 歳）に聖武天皇が崩御すると、光明皇后は天皇の御遺愛品や、天皇との思い出の品々を東大寺盧舎那仏に献納しました。これらの品々に、東大寺大仏開眼会における貴紳からの献納品や、東大寺の仏具、あるいは造東大寺司の用品が加わり、現在の正倉院宝物が形成されました。宝物数は現在、物品管理上の数え方に基づけば 9000 点弱あります。用途についていえば、服飾品・調度・楽器・楽具・遊戯具・文房具・仏具・武器武具・飲食器・香薬類・書籍類などからなり、また技法でいえば、木工・漆工・金工・ガラス・焼き物・染織・絵画・牙角細工などからなります。いずれにしても非常に多様であり、日本の奈良時代のみならず、東アジアの 8 世紀の文化を知るうえで貴重です。宝物の多くは唐櫃（**図 2.44**）の中に保管されていました。

　正倉が万が一の火災にあった場合の危険性を考え、正倉院宝物を不燃性

図 2.44　唐櫃（正倉院宝物）
宝物の多くはスギ製の唐櫃に納められていた。正倉院には現在 165 合の唐櫃が伝わる。

の収蔵庫に移す構想が立てられるようになったのは、1931年（昭和6年）のことでした。ただし、実際に、木材を内装するコンクリート造りの収蔵庫が建設されることになったのは、戦後もしばらく経ってからのことです。東宝庫は実験的な収蔵庫として1953年（昭和28年）に竣工されました。当初は空調設備がなく、自然換気方式をとっていましたが、1964年（昭和39年）には改装して空調設備を備える収蔵庫としてリニューアルしました。一方の西宝庫は本格的な空調設備を備える収蔵庫として、1962年（昭和37年）に竣工し、1963年（昭和38年）には宝物が移納されました。現在、代表的な宝物は、勅封倉である西宝庫にあり、一方、勅封倉ではない東宝庫には整理中の宝物などが収蔵されています。

いずれの収蔵庫も空調の設定相対湿度は62％で、温度は5〜28℃の範囲内に抑えることをめざし、また運転時間は1日あたり3〜6時間程度としています。

2.5.3　伝統的な防虫対策

文化財の虫やカビに対する伝統的な被害対策のうち、有力手段として、筆頭にあげられるものは曝涼ですが、それ以外にもさまざまな対策が試みられました。書籍・経巻については料紙そのものに防虫効果をもたせる方法が有力であり、なかでも黄蘗染めの紙の利用は古くから行われた最も一般的な方法でした。中国では経紙に黄蘗紙を用いることが定法であり、

図 2.45　奈良時代の裛衣香（正倉院宝物）

光明皇后発願の 741 年（天平 13 年）経など、日本でも基本的には経紙に黄蘗紙を用いています。このほか防虫対策としては、芸草（ミカン科の植物）やイチョウの葉などを直接書にはさむ方法や、あるいはヒガンバナや銀杏の汁を美濃紙にしみこませた虫除紙を書にはさむ方法が考案されました。ちなみに正倉院でも明治末年、経巻の修理のための糊に防虫効果を期待してヒガンバナの磨粉を混ぜたという記録があります。

なお、黄蘗などのように、含まれる成分の防虫効果が科学的に確認されているものもありますが、多くのものは未確認というのが実状です。

正倉院には「裛衣香」と呼ばれる奈良時代の合香の袋が伝わっています。沈香、白檀、丁子、甘松香、零陵香などの小片を組み合わせたもので、これを絹に包み、きんちゃく状にしています（**図 2.45**）。正倉院ではこの成分をほぼ踏襲した防虫香と称する合香を使用していましたが、科学的な調査により、この成分では虫に対する忌避効果はほとんどないことがわかり、忌避剤としての利用はとりやめました。

クスノキから採取した樟脳や片脳を用いる方法もあります。日本では 18 世紀の初頭から本格的に樟脳が生産されるようになりました。ちなみに正倉院では現在でも文化財害虫の忌避剤として樟脳を主に利用しています。

正倉院宝物のほとんどは 1959 年（昭和 34 年）まで正倉にあり、曝涼はここで行われていました。この時期、宝物の多くは、1881 年（明治 14 年）に伊藤博文の提案により設置された展示ケース（**図 2.46**）や、さまざまな形状の宝物容器、あるいは古来からのスギ製の唐櫃などの中にありました。点検の際には、展示ケース内の宝物については絹の覆いを外して、ま

図2.46 正倉内の様子（1951年）
奥に伊藤博文のつくらせたガラス戸棚、手前に宝物が入った唐櫃が見える。

図2.47 正倉内での点検の様子（1951年）
せまい空間で、宝物容器内の樟脳を交換している。

た宝物容器に納められた宝物については、せまい庫内で蓋をとって点検が行われました（**図2.47**）。曝涼の作業時には採光などのため正倉の扉を開けます。三倉の扉は東に面していますので、朝のうちは庫内に直接太陽光が差し込み、また外気は直接入り込む状態にありました。作業は総勢約10名で7日間ほどを要し、またこれとは別に1日かけて倉内の清掃が行われていました。

2.5.4 正倉院における現在の宝物点検

1963年（昭和38年）には主な宝物がその前年に完成した西宝庫に移され、ここが正倉に代わる勅封倉となりました。これに伴い、秋季における定例開封行事もここで行われるようになりました。もはや宝物を太陽光にあてたり、直接外気にさらすこともなくなり、作業は「曝涼」と呼ぶよりも、「点検」と呼ぶほうがふさわしくなりました。

点検を含む庫内作業には保存課の職員全員（2023年現在17名）が総出であたります。収蔵庫内の1日の作業時間は原則10〜12時と13〜15時の計4時間です。ほかの時間は、点検やその他の作業の準備や記録などにあてていますが、宝物のとり扱いを1日4時間に限定するのは、集中力の持続という観点から妥当と考えられています。

点検にあたっては多くの宝物の場合、2〜4名が一班をつくり、また特に大型の宝物では6名ほどが一班となって作業にあたります（**図2.48**）。宝物は、まずざっと見て大きな異状がないかどうかを確認します。その後、

(A)  (B)

図 2.48　西宝庫内での点検の様子（2007 年）
(A) 一人が紺瑠璃杯を扱い、ほかの職員は安全を確認しながらこれを見守る。
(B) 大型の染織品などは大人数で点検する。

　脆弱な染織品などは別として、容器からとり出すことができる宝物はハンディライトをスポット状に照らしながら、内外面すべてについて細部に異状がないかどうか、丹念に調べていきます。宝物によっては大きさ・形状・重さだけからいえば、一人で扱うことが可能なものも少なくありませんが、必ず複数名で班をつくるのは、一人が宝物を手にとっているあいだ、ほかの職員も自分で扱っているのと同じ心持ちで、この作業を見守るためです。宝物のとり扱いについては、各自がもちろん慎重を心がけていますが、このようにすることで、作業時の危険を著しく軽減することができるわけです。また宝物の異状についても、一人より複数名の目による点検のほうが、見落としが少なくなることは当然です。

　宝物に、万が一異状が認められた場合、エタノールによるカビの除去など、簡単な処置が可能であれば、その場で速やかに実施します。若干手間がかかりそうな場合には、収蔵庫からとり出し、しかるべき作業室で 1 週間程度の作業を行い、開封中に収蔵庫に戻すことをめざします。また本格的な修理あるいは処置が必要と判断された場合には、収蔵庫から出蔵し、外部の修理技術者や内部の専門職員により数か月〜数年にわたる処置を実施することになります。この場合、もとあった場所に返すのは翌年以降の開封時となります。なお外部の専門技術者による修理を行った宝物には、ここ 40 年くらいについていえば、鳥毛立女屏風（1985 〜 87 年）、彩絵仏像幡（2003、2005 年）、伎楽面（1993 年〜現在）などがあります。

1つの宝物についてひととおり点検を終えると、わきに添えられた小さな点検カードに、大きな異状や虫やカビによる被害の有無、防虫剤（樟脳など）のとりかえ、防カビ剤の使用などについて記載することになっています。このとき宝物のとり扱い時に注意すべき特記事項があれば、そのことも記入しておきます。

　点検に際して、どの職員がどの宝物を担当するかは、まったくの成り行きです。職員には各自専門があり、それぞれ興味のある宝物はまちまちですが、そのような事情はあまり考慮されません。このことは、すべての職員が専門をいったんおき、全体に慣れ親しんで、すべての宝物に愛着がもてるようになる下地となります。

　また点検は、宝物の扱い方をベテランから若手へと伝授する大事な場でもあります。1250年前に製作された宝物は一見すると丈夫そうでも、どこか弱っているものです。個々の宝物を扱うとき、どこをどのように持てばよいのか、絶対してはいけないことは何かなどの情報が伝授されます。

　さらに点検時には、わずかな時間ではありますが、宝物がもつさまざまな情報（材質、技法、銘文など）に話が及ぶこともあり、このような会話も、宝物とその点検が好きになっていくきっかけとなります。

　一連の点検作業の最終日には、職員総出で収蔵庫の清掃を行います。西宝庫の場合であれば閉封（へいふう）の日の前日がこれにあたります。棚のエタノール拭きや床面の掃除機がけが主な作業内容となります（**図 2.49**）。

　以上の点検システムは正倉院に初めて保存科学の専門家が配属される

図 2.49　西宝庫内での清掃の様子（2003年）
戸棚内をエタノールで拭いているところ。

2.5　伝統的保存方法

1973年（昭和48年）以前にすでに確立していました。点検作業に参加する保存課職員の一人一人が宝物を守るため高い意識をもっているので、たとえ保存科学の専門家が不在となっても、このシステムは働きます。保存課の職員には、宝物の保存に関する業務は保存科学の専門家に任せて、各自は専門に関連する業務さえしていればよいという考えは一切なく、宝物に何か重大な異状が生じれば、それは点検にあたる全員の責任であり、その解決のためには全員で知恵を出し合います。

　なお10〜11月の開封期間中は宝物の点検以外にも各種作業が行われます。正倉院展などに関連して、貸出先の博物館との宝物の引き渡し、および引きとりのための点検、外部調査員を交えての宝物特別調査ならびに宝物模造事前調査、あるいは外部機関による正倉院文書調査などへの対応、宝物の写真撮影などさまざまです。開封期間は約2か月、すなわち実働約40日間ですが、平均していえば点検に半分、その他の作業に半分を費やします。

　東宝庫には経巻や整理中の染織品、あるいは組立不可能な器物の残材などが収蔵されています。その点検には5月の連休前後の2週間程度があてられています。

　以上、現在、西宝庫および東宝庫の点検日数は保存課職員総出で年間約35日、すなわち約600人日を要します。正倉で曝涼が行われていた時代の昭和30年代は約70人日ほどでしたから、そのときに比べ、8倍以上の時間をかけ、丁寧に点検を実施していることになります。

2.5.5 正倉院における現在の虫害対策

　正倉院では、1955年（昭和30年）に日本では文化財用第1号となる燻蒸装置が導入され、1986年（昭和61年）までこの装置で虫害が疑われる宝物400点弱について臭化メチル燻蒸が実施されました。

　その間に宝物は、虫にとって限りなく開放系といえる正倉から、一応閉鎖系といえる収蔵庫へと移され、直接燻蒸を要する事態に至ることはほとんどなくなりましたが、燻蒸自体は新調した宝物容器などについて継続していました。しかし臭化メチルのオゾン層への悪影響が明らかとなったた

め、2002年（平成14年）を最後に、燻蒸装置の使用はとりやめました。

　正倉院の収蔵庫は、中での燻蒸を予定した施設ではありませんが、庫内にすみついてしまった文化財害虫を標的として、現在はピレスロイド系薬剤などを用いてミスト処理することがあります。また1999年（平成11年）から、庫内の各所に昆虫トラップを設置し、文化財害虫を定量的に把握していますが、これに基づき必要に応じてミスト処理を実施します。

　現在、正倉院の収蔵庫で捕獲される文化財害虫は、ヒメマルカツオブシムシ幼虫、ヒメカツオブシムシ幼虫、シミ、ナガヒョウホンムシ、チャタテムシなどです（2.4節参照）。

　また花氈・色氈などの羊毛でできた毛氈類は、油断するとヒメマルカツオブシムシやヒメカツオブシムシの幼虫に狙われます。このためその点検は特に時間と人数をかけて丁寧に行います。それでもなお幼虫が潜伏している懸念が残るものなどについては、現在ではこれを高機密性フィルムでできた袋の中に入れ、脱酸素の状態にして1年間放置することにより対処しています（**図2.50**）。

　臭化メチルの使用をやめた後は、文化財害虫に対しては、状況に応じた適切な対処を心がけているところです。

　現在、文化財の虫やカビの被害対策はIPM（総合的有害生物管理）の考え方を基本として行われるようになりましたが（2.4.2項参照）、正倉院で伝統的方法を受け継ぎながら実施している点検の内容は、その一部にIPMの方法を完全に含んでいます。

図2.50　染織品の低酸素濃度処理の準備（2023年）

実例　正倉内の温湿度

　正倉院正倉の温湿度については1950年代に大阪管区気象台の専門家により計測が行われ、だいたいの様子が明らかになっていました。1999～2006年にかけて、温湿度データロガーを用いての初めての本格的調査をすることができ、その詳細が明らかになりました。正倉の北倉2階、および北倉2階に置かれた唐櫃内、および比較のための外気の温湿度について、1999年9月からほぼ1年間の年変動の様子を**図1**に、またその期間中の日変動の様子を示すため2000年4～5月のほぼ20日分のデータを**図2**に示しました。

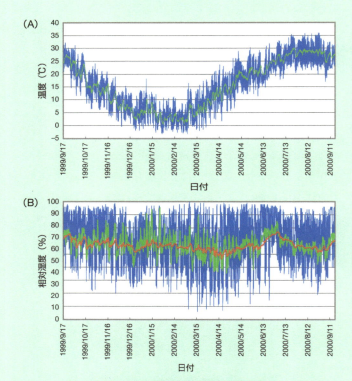

図1　正倉内外温湿度の年変動の様子
(A) 1999年9月17日～2000年9月11日の温度変動、(B) 相対湿度変動。
──は外気、──は北倉2階、──は北倉2階唐櫃内を示す。ただし (A) では、北倉2階と同唐櫃内のデータはほとんど同じ変動を示すため、後者を省略している。

1年の年平均値は温度については北倉2階、唐櫃内ともほとんど外気との差はありませんでした。また相対湿度については北倉2階、唐櫃内ともやや外気より低めとなっていますが、著しい違いはありませんでした。年較差（1年の最大値と最小値の差）は、温度、相対湿度とも外気に対して小さくなっており、温度は、外気の年較差を1としたとき、北倉2階、唐櫃内ともその0.75程度でしたが、相対湿度は、外気の年較差を1としたとき、北倉2階が0.6強、唐櫃内が0.25と、唐櫃内の変動が特に小さくなっていることがわかりました。

　温湿度の変動は、さらに日較差（1日の最大値と最小値の差）について検討することが重要です。この1年間の、外気の日較差に対する庫内の日較差の比の平均は、温度は、北倉2階、唐櫃内とも0.15

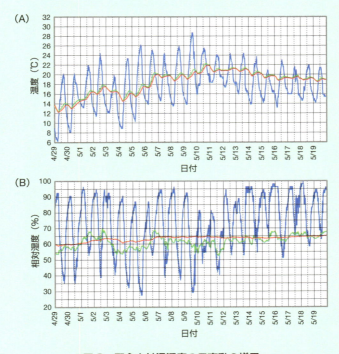

図2　正倉内外温湿度の日変動の様子
(A) 2000年4月29日〜5月19日の温度変動、(B) 相対湿度変動。
——は外気、——は北倉2階、——は北倉2階唐櫃内を示す。

弱でした。これに対し相対湿度は、外気の日較差に対し、北倉2階が0.2、唐櫃内が0.03で、唐櫃内の変動がきわめて小さくなっていることがわかりました。**図2**に示した期間中についていえば、唐櫃内の相対湿度の1日の変動幅は、多くて2%程度、平均は1%です。このように1日の相対湿度の変動がわずかであることは、木漆工品などの保存にとっては、大変な利点となったはずです。つまり正倉院宝物は、ヒノキ造の正倉の中で、しかもスギ製の唐櫃の中にあり相対湿度がきわめて安定した状態にありました。現在の文化財収蔵庫の多くは、木材あるいは調湿能の高い建材を内装していますが、その有効性はすでに正倉院正倉で証明されていたといってもよいでしょう。

---

column　校倉呼吸説

「校倉呼吸説」なる学説があります。正倉院正倉にて宝物が良好な状態で伝えられてきたのは、その温湿度環境に秘密があるとするもので、正倉の湿気の高くなる時期には校倉の校木が膨張して隙間がふさがれるため、外の湿った空気は内部には入らず、また逆に乾燥した時期には隙間が開いて、外部の乾燥した空気が庫内に入り、このようにして庫内は外部より常に相対湿度が低い状態に保たれる、というものです。大正末期から昭和初期にかけて伊東忠太や関野貞などの建築史の重鎮がこの説を支持したため、それ以来この説は小学校の授業などでもとり上げられ、日本人なら誰でも知る有名な学説となったのです。ところがこの学説は科学的データに基づいていなかったのです。1932年（昭和7年）には、正倉院の近くにある東大寺の校倉内での温湿度の平均値が、外気の平均値とほとんど変わらないことを示した論文が一枡悦三郎により「校倉呼吸説」への反証として公表されましたが、残念ながら一般に受け入れられるところとはなりませんでした。

〈参考文献〉

1) 一枡悦三郎：奈良に於ける校倉建築内の温湿度、建築雑誌、**618**、1075-1080（1936）

2) 沓掛伊佐吉：『沓掛伊佐吉著作集―書物文化史考』、pp.38-132、八潮書店（1982）

3) 髙畑誠：正倉院の虫害対策、正倉院紀要、**46**、119-126（2024）

4) 成瀬正和：正倉院北倉の温湿度環境、文化財保存修復学会誌、**46**、66-75（2002）

5) 森八郎：薬香の防虫効果、保存科学、**14**、45-49（1975）

2.6 博物館資料の被災防止と救援活動

　災害は、その地域の住民をはじめ、住居、水道、ガス、電気のようなライフラインに大きな被害を与えることはいうまでもありませんが、そのなかには博物館資料も含まれる場合があります。

　被災した博物館資料の救援活動の全体についてまとめると、次の8つのステージがあるといえます。

1）被災、2）救出・一時保管、3）応急処置、4）整理・記録、5）保存修復、6）恒久保管、7）研究・活用、8）防災

　本節では、これら8つのステージについて解説します。

2.6.1 被災時の博物館資料の状況

　被災したときの博物館資料は、災害によって程度の違いはありますが、基本的にがれきなどの砂ぼこりによる汚損、スプリンクラーの作動や河川の氾濫、津波による水損を受けていることが多くあります。また、資料自体の転倒や落下、収蔵棚の転倒による衝撃で破損することがあります。そのほか、救出活動が遅れてしまった場合は、カビやバクテリア、害虫が繁殖し、被災した博物館資料が腐敗することがあります。加えて、施設自体の損壊で生じたがれきや棚などに混入し、どれが救出すべき博物館資料でどれが撤去すべきがれきなのか判断がつきにくい状況になっています。したがって、博物館が被災した場合、施設内のがれきの撤去作業と同時に、博物館資料の救出活動を進める体制を構築しなければなりません。

　すべての災害でいえることは、救出のための初動をいかに迅速に開始できるかで、救出できる博物館資料の数が変わってくるということです。しかし、災害発生時は多くの混乱が生じていますから、その混乱のなか、無計画に現地に入ってしまうと救援活動ではなく、復旧作業の邪魔につながる場合があります。まずは、一呼吸おいて、冷静に状況を判断しながら救出計画を立案する「間」も必要な要素といえるでしょう。

2.6.2 被災した博物館資料の救出・一時保管

　博物館資料の救出・一時保管の活動は、被災した博物館資料を現場から救出し、安全な場所で一時的に保管するというものです。救出作業は、がれきや汚泥のなかから博物館資料を掘り出すため、重労働となります（図2.51）。また、地震などの場合、被災現場となっている建物自体が災害によって被害を受けているため、きわめて危険な作業現場となっていることが多々あります。したがって、被災した博物館資料の救出作業では、建築診断ができる専門家に加わってもらいながら作業計画を立てることが求められる場合があるでしょう。

　救出作業では、作業従事者の安全を最優先させなければなりません。被災現場では有害な雑菌が繁殖していることもあり、ちょっとした切り傷から感染症になることが懸念されます。日本の平常時における清潔度の高さは世界的にもよく知られていることですが、これは言い方を変えると、日本人があまりにも清潔な環境に慣れ過ぎてしまっているということでもあります。したがって、被災現場での服装や作業中の安全管理への注意を怠らないようにする必要が特にあります。また、さまざまな人が出入りする被災現場は、必ずしも平常時の治安が守られているわけではありません。そこには残念ながら火事場泥棒のような人が出入りしていることがあります。救出活動に参加する作業者は、自身の安全を守ることはもちろん、活動を受け入れる所蔵博物館が安心して作業を任せられる服装や装備を身につけて作業を行うべきでしょう。そのための装備として、長そで・長ズボンタイプの作業服、ヘルメット、マスク、安全靴、手袋、ヘッドライトは必須の道具です。なお、安全靴については、がれきの中に混ざっているガラスやくぎなどから足を守るために底が厚いものや、

図2.51　がれきの中からの救出作業

鋼板でできた中敷を入れることが望ましいです。また、すねまでをガードできるブーツタイプ、脱ぎ履きしやすいショートタイプ、耐油性に優れた安全長靴など複数種類あるので、救出現場の状況からどのタイプのものが作業しやすいか考えて選択すると作業の効率化が図れます。これは手袋にしても同じです。手袋にはグリップ力が強く資料を持ちやすいタイプのものや、耐水性・耐油性に優れたものがあります。これも、被災現場の状況を見ながら選択することが望ましいです。いずれにせよ、これらの装備はホームセンターや作業道具専門店でずいぶん入手しやすくなっています。そのほか、被災現場では電気、ガス、水道が復旧していない場合が多いので、自家発電機や作業場を照らすための照明器具、携帯型トイレ、手洗い用の水や飲用水が必要となります。さらに、救出した資料を整理して置いたり、移動させたりするのにテンバコ（発掘現場などでよく使用されている箱のこと）や段ボール箱などがあると便利でしょう。

　救出作業には、さまざまな組織から支援が行われることがあります。未曾有の被害をもたらした1995年の阪神・淡路大震災ではたくさんの文化財や博物館資料が被災しました。その際、官民を問わず多くの博物館や文化財の保存機関の関係者がボランティアとして被災した文化財や博物館資料の救出を行いました。このときの経験は、東日本大震災でも引き継がれ、「東北地方太平洋沖地震被災文化財等救援委員会」が立ち上げられました。この委員会は、東京文化財研究所が本部となり、被災地の教育委員会としっかり連携して、被災文化財の文化財レスキュー事業を支えました。大規模かつ広範囲に及ぶ被災地を対象にするなか、いくつかの課題を抱えつつも、実に機能的に支援体制を構築したこの組織は、今後の大規模災害の支援体制のモデルケースとして評価できます。

　実際に文化財レスキューを行う作業チームの陣容は、全国各地から集まったさま

図 2.52　作業前の打ち合わせ

ざまな専門性をもつ学芸員や研究者で構成されます。そのため、作業に参加する者が自身の価値判断、あるいは専門性にとらわれて、ばらばらの活動を展開すると作業目的は到底達成できません。そこで、現場を掌握し、作業計画を決定し、作業者に指示を出す作業責任者が必要となってきます。作業責任者は、作業中のこまめな休憩や作業場の安全確保に努め、けが人や事故のない現場管理を実現する必要があります（図 2.52）。また、被災地での作業はほとんどが車での移動となります。過酷な条件のなか、一人のドライバーで安全運転に努めるのは難しいでしょう。複数名のドライバーをたてて移動中の安全に留意することも作業責任者に求められる役割のひとつです。

2.6.3 被災した博物館資料の応急処置

　応急処置の作業は、救出・一時保管に続く作業です。がれきの中から資料を救出し、一時保管する場合、救出した博物館資料が原因となって、一時保管の場所をカビなどで汚損させてしまうと、その施設自体が使用できなくなります。そうならないようにするためには、資料に付着している泥や発生したカビの除去を行わなければなりません。そして、このような洗浄を第一の目的としたのが応急処置の作業です（図 2.53）。少しでも多くの被災した博物館資料を救出するためには、救出した資料一点一点にかかわる時間をいかに短くし、数多く博物館資料の応急処置を行うかが重要です。したがって、ここでの洗浄作業は必要最小限にとどめておきたいとこ

図 2.53　応急処置の作業

図 2.54　洗浄キット

ろです。あまりにも丁寧な作業はかえって、応急処置の点数を落としてしまうことにもなるので、作業責任者は応急処置の程度をしっかり見極めながら、作業内容を監督することが必要です。ちなみに、民俗資料の応急処置活動を行う場合は、大、中、小の刷毛を3種類、大、小ブラシを2種類、筆を1種類で構成した6種類の洗浄キット（**図2.54**）を作業者に渡します。そして洗浄キットで落とせる汚れだけを洗浄対象とし、それ以上の洗浄作業はあえて行わないというルールで臨んでいます。日頃、博物館の学芸員や文化財に携わっている保存修復の専門家は物足りなさを感じることもあるかもしれませんが、あくまで本格的な洗浄は保存修復活動のステージで行うものと割り切り、洗浄程度を判断してください。

　応急処置の作業手順としては基本的に、最初は水を使わず、洗浄道具で落とせるだけの汚れを落としていきます。また、泥がこびりついてどうしようもなくなっているものや、複雑な形状で隙間に泥や砂が詰まっている資料については、水槽の中につけこんだり、流水しながら汚れを除去したりすることがあります。ただし、水を使った洗浄作業を行う場合は、作業場にしっかり資料を乾燥できる場所が整っているかどうかの確認をしなければなりません。湿気が高い、乾燥できる場所がないという作業環境で水洗作業を行うと必ずカビが発生し、今度は発生させてしまったカビの対応に時間がとられることとなります。また、使用する水についても注意が必要です。災害時の水は通常の水道水と同じ状態であるとはかぎりません。飲用できない水や、通常より消毒のための塩素を多く混入させている水が供給されていることがあります。このような水は水洗作業には向いていません。したがって、水道水を利用する場合には必ず地元の水道局に問い合わせて通常と同じ水道水が供給されているのかを確認してから作業を行いましょう。

　被災する博物館資料はさまざまであり、その種類によって応急処置の方法も変わります。したがって、被災したそれぞれの博物館資料に対応できる保存修復の専門家と意見を交換しながら、応急処置の方法や作業手順を決めていく必要があります。

98　第2章　博物館資料の保存環境

2.6.4 被災した博物館資料の整理・記録

　整理・記録の作業とは、救出した資料の全容を把握するための作業であり、救出・一時保管、応急処置の作業と同じ流れのなかで行っていくものです。主な作業は、救出した資料のナンバリング、それに基づいたラベルの作成と資料への付与（図2.55）、リストの作成です。がれきの中から被災資料を救出する作業現場では、救出したものが博物館の資料なのか、紛れ込んだ木片やごみなのかの判断がつかない場合があります。また、本来、1つの資料だったものが、破損してばらばらになって救出されることが多くあります。したがって、どのようなものを救出し、どのように保管していったのかという情報は、一時保管や応急処置作業の一次情報として重要なものとなります。往々にして救出作業の現場では、このような整理・記録の作業が不十分で資料を受けとる側が全体的な物量を把握できずに混乱するという事態がみられます。また、さまざまな作業者がかかわることから、前の作業者がしっかり次の作業者に引き継いで進めていかなければなりません。そのときに、基本となるナンバリングと資料を照合できる写真があれば、それだけでも整理作業は大きく前進します。

図2.55　ナンバリングラベルの付与

2.6.5 被災した博物館資料の保存修復

　これまで示してきた被災から整理・記録までの作業ステージは、非常事態のなかで行われる活動です。一方、ここから紹介する保存修復、恒久保管、研究・活用、防災という活動は、安定した平常時の状態で行われ、被災した博物館資料の救援活動の環境が大きく異なります。また、救出・一時保管、応急処置、整理・記録の作業は、被災した博物館の学芸員と救出活動を支援する作業者が協働しながら進める活動だったのに対して、恒久保管

図 2.56　保存修復作業

の活動から展開する研究・活用、防災の活動は、所蔵機関の学芸員が主体となる活動へと移行します。被災した博物館資料の救援活動で、大きな転換期にあたるのがこの保存修復の活動です。

保存修復の作業は、被災時の損傷箇所をもとの形状に戻す作業が中心となります（**図 2.56**）。したがって、ここでの作業は保存修復の専門家が中心となって進めます。なお、ここで行う保存修復では、学芸員と保存修復の専門家は、次のことに留意しなければならないでしょう。まず学芸員は、被災した博物館資料がもっている歴史学的、民俗学的あるいは美術史学的な背景を明らかにし、博物館としてその資料をどのように位置づけて、どのように後世に残していくかをはっきりと自覚しなければなりません。そうしなければ、必要以上の保存修復、あるいは間違った見識をもとにした保存修復を実施することにつながってしまう危険性があります。次に、保存修復の専門家は、壊れたところをただ修復するのではなく、上記に示したような資料がもっている歴史的な背景などや、博物館が位置づける資料的価値、そして将来への継承の在り方について、きちんと理解して、保存修復の設計にあたるべきでしょう。保存修復の活動は、学芸員と保存修復の専門家のあいだでしっかりと相談し、作業を進めていかなければなりません。この点は、通常の文化財の保存修復や修理の活動と同じです。

2.6.6　被災した博物館資料の恒久保管

恒久保管の活動は、もともと資料を収蔵していた博物館に返却することを前提としています。しかし博物館が被災した場合、もとのように再建、再開することは経済的に困難である場合が多いでしょう。また、公立博物館の場合は、行政全体の復興計画のなかで、再建、再開の計画が後回しになってしまう場合があります。このような場合は、近隣もしくは関連分野

図 2.57　被災した文化財（A）と返却された被災文化財（B）〔能登中居鋳物館〕

の博物館に寄贈されたり寄託されたりすることがあります。いずれにせよ恒久保管の段階は、被災した資料を安定した場所で管理でき、将来を見据えた活動を展開できる環境を整えた場所で保管できることから、博物館資料としての復旧を果たした状態になったといえます（図 2.57）。

しかしながら、ここでのステージはまだ、復旧段階であり、災害から完全に立ち直ったことを示す「復興」という段階になったということではありません。この段階において、ようやく被災した資料を博物館資料として再生させることができるスタートラインに立ったということなのです。

そこで、恒久保管の活動では、博物館施設は資料の管理体制を構築する必要があります。この体制に必要なことは、機能的に資料整理を進めるための収蔵計画と、資料情報を付与するための人員配置の整備です。被災した博物館資料の救援活動の目標は、単にがれきの中から救出することだけではありません。被災する前にきちんと位置づけられていた博物館資料としての価値をとり戻し、博物館資料として広く活用できる状態に戻すことです。

2.6.7　被災した博物館資料の研究・活用

被災した博物館資料が恒久保管される段階まできたら、資料そのものは安定し、後世へと引き継がれる環境が整います。しかし、恒久保管するだけでは資料そのものは引き継がれても、その資料がどういうものだったの

かという情報は引き継がれません。つまりは、博物館資料としては不十分な資料群となってしまうのです。またここで、被災した資料がなぜ、被災したのかを検証しなければ、後に同様の災害が起こった場合、再び被災することとなります。そこで、恒久保管の環境が整った後の活動として、研究・活用の活動が必要となってきます。

　災害は博物館資料そのものに被害を与え、その惨憺たる状況はさまざまなところで公開されることが多いのですが、実は資料の情報自体が失われていることが多くあります。例えば、最近の博物館資料の情報はデータベースなどで管理されることが多いですが、そのデータを保管しているサーバーやハードディスクなどが被災し、情報がとり出せなくなる事態が生じると、いうまでもなく、博物館資料の情報が失われたことになります。また、デジタルデータではなく、資料台帳などでアナログ的に管理していた場合も、台帳自体が洪水で流されたり、火災で燃えてしまったりしたときは、やはり、資料情報は失われてしまうこととなります。本来ならば、これらの情報が複数の媒体、あるいは別の場所で分散管理されていれば、災害で失われることはないのですが、現状では、残念ながらそこまでを意識した博物館資料の情報管理体制は整っていません。

　このような場合、再び資料の情報を付与していくことが必要となります。これは実に地道な作業であり、資料を所蔵する博物館の学芸員が主体にならないと作業が進みません。先の長い作業となりますが、資料情報を付与していかなければ、被災した博物館資料は博物館資料としての再生を果たせないことも事実です。したがって、ここでの活動は資料そのものを研究対象としている研究者や大学機関、関連分野の博物館や学会などと協働しながら作業を進めることが望ましいでしょう。

　また、次項で述べる防災を考えた場合、被災した原因の検証や恒久保管までに至った経過をきちんと検証する作業が重要で

図 2.58　被災文化財に関する公開シンポジウム

す。そのうえで、企画展やシンポジウムなどを開催し、博物館関係者はもちろん、その地域の住民とも情報を共有し、日常の備えへと還元できるしくみを整えなければなりません（図 2.58）。

2.6.8 被災した博物館資料の防災

　被災した博物館資料は、被災した箇所をもとに戻すだけでは十分とはいえません。その先に、将来の災害に備えた防災というテーマにとりくまなければ、万が一、同様の災害に遭遇した場合、再び同じ被害、あるいはそれ以上の被害を受けてしまいます。

　被災した博物館資料への防災活動は多岐にわたります。例えば、九州国立博物館は地震が多発する日本の国立博物館として、建設当初から免震対策を視野に入れており、その結果、博物館自体を免震化するという画期的な手法で建設されました。

　2004 年の中越地震では、展示していた多くの縄文土器が転倒、損傷しました（図 2.59）。その原因として展示手法の問題点が指摘され、このときの教訓をもとに、ケース内の展示資料は、平置きでゆとりをもった構成を基本とし、資料の内部には砂袋などの重しを投入して、専用台座やテグスを組み合わせるという展示手法が再認識されました。また、免震台に設置していた資料が転倒した事例もあったことから、免震台を使用する場合でも補助的な固定が不可欠であることが改めて明らかになりました（図

図 2.59　中越地震で被災した土器
〔長岡市立科学博物館〕

図 2.60　免震台とテグスを利用した土器の展示
〔長岡市立科学博物館〕

2.60）。なお、収蔵庫の資料は、スチール棚をボルトなどで壁面に固定し、棚板前面にテープやひもなどで補助を施すだけでも効果があることが確認されました。

　そのほか、新たなとりくみとして文化財ハザードマップが注目されています。これは、ハザードマップ上に文化財の所在地をマッピングし、あらかじめ、災害が発生した場合の被害を予測しておくシステムです。ただし、このハザードマップの作成は広範囲にわたるため、有効なハザードマップをつくるには、全国の博物館の協力が不可欠であると考えられます。

　最後に最も大事な防災対策として、人的ネットワークの構築について触れておきましょう。結局、被災した博物館資料の救援活動が成功するかどうかのカギは、いかに多くの人的支援を得られるかにかかっているといえます。現在、被災した文化財、被災した博物館資料の救援活動を効果的に行うため、さまざまなネットワークが各専門分野の研究者たちのあいだで構築されてきています。また、2020年には国立文化財機構のなかに文化財防災センターが設立しました。このこと自体は決して悪いことではありません。しかしながら、災害は私たちの専門分野ごとに被害を及ぼすことはまずありません。したがって、博物館が被災した場合、そこで実施する救援活動ではさまざまなネットワークどうしが連携をとらなければ、その活動効率は低くなる一方です。だからこそ、これらネットワークには、平常時にこそ交流を図ることが必要です。その交流の方法には、博物館であれば共同開催の企画展や応急処置技術の支援のためのワークショップ、それぞれのネットワークの活動を紹介する研究会やシンポジウムの開催ということも考えられるでしょう。あるいは、報告書の刊行というのも大きな意義をもつと考えます。平常時に次の災害にいかに備えられるか、これは危機管理活動の鉄則ともいえるでしょう。

2.6.9　各種災害に関する被害の防止と対策

　災害は天災と人災に大別されますが、いずれにしても文化財を含む博物館資料には大きな損害を与えます。日本において災害の文化財に及ぼす影響の大きさが改めて認識されたのは、1949年1月、法隆寺金堂壁画の修

復中に発生した火災でした。この火災で金堂が炎上し、壁画が焼損しました。そして、この事件を契機に現行の文化財保護法が1950年に制定されることとなりました（付録（p.186）参照）。

　ここでは、特に博物館資料に損害を与える災害として、火災、地震、水害、犯罪についてとり上げ、被害の防止と対策について紹介します。

A. 火災

　火災が博物館資料に与える被害は、資料そのものを焼失させてしまうことはもちろん、火災による温度上昇や燃焼する際に発生するガスやすす、消火薬剤の残留や分解ガスの影響といったものがあります。したがって、博物館資料が火災で被災したら、その後の対処をどのようにすればいいのかということについて、保存科学の専門家と相談することが必要です。

　博物館施設で火災が発生した場合の対応として、消火作業は当然必要です。消火作業は、酸素濃度もしくは燃料濃度を下げる窒息作用、温度を下げる冷却作用、燃焼を抑える抑制作用などの原則に基づいて進行します。消火設備はこれらの原則に準じて設計されており、水系消火設備とガス系消火設備があります。水系消火設備には、スプリンクラーや屋内外の消火栓設備、泡消火設備といったものがあります。ガス系消火設備には、粉末消火剤やハロゲン消火設備、不活性ガス消火設備があります。消火作業が博物館資料に与えるダメージをいかに少なくするかということも大事なポイントなので、配備されている消火システムが博物館資料にどのような作用を及ぼすのかということを事前に理解しておくのも、効果的な博物館資料の救援活動につながっていきます。

B. 地震

　日本は世界有数の地震大国であり、地震による博物館資料の損害事例は数多くあります。博物館資料に与える地震の影響の大きさを私たちが改めて自覚したのは、1995年の兵庫県南部地震が引き金となった阪神・淡路大震災です。この震災では、資料を収蔵している博物館施設や社寺が損壊したため、所蔵されている多くの資料が被災しました。

　地震によって博物館資料が受ける被害には、落下や転倒による衝撃、棚内での移動や揺れによる資料の破損があげられます。また、スプリンクラーの誤作動や地震によって発生した火災の消火活動で水損するという被害、

建物の損壊によって生じたほこりなどによる汚損もあげられます。そのほか、美術館で絵画を吊り下げて展示するために使用されたＳ型フックが地震の揺れで伸びてしまい、絵画が落下した事故や、免震台に頼りすぎるばかりに、十分な固定や重しの利用をしなかったことで展示していた博物館資料が免震台から滑り落ちるといった事故が発生したように、展示具に起因する例もあります。

　現在はこのような事故の経験を通して、博物館資料の保管では、収納箱の重ね置きを避ける、重いものを棚の下段に、軽いものを棚の上段に配架するという基本事項の重要性が再確認されました。また、収蔵棚にネットやしっかりとしたロープを張って落下を防ぐ方法が試みられるようになりました。さらに、前述したＳ型フックについては、太くて強い、そして伸びにくい形状のものが開発されました。免震台についてもさまざまなタイプのものが開発されるとともに、その利用にあたっては、テグスやワイヤーを用いてきちんと固定することや重しを利用して適切に活用することが、注意喚起されるようになりました。

C. 水害

　博物館資料に被害を及ぼす水害の原因には、河川の氾濫や津波のほか、排水管などの破裂、排水処理の不具合から生じた漏水などがあげられます。また、消火で使用した消火液も水害として考慮する必要があります。

　河川の氾濫や津波による被害の場合は、ヘドロや砂などが資料表面を汚損します。また、被災した博物館資料は救出されていく過程で、カビの繁殖や津波に含まれる塩分による錆の進行といった、一時保管場所での新たな劣化が生じる場合があります。

　このときの応急処置として、考古遺物や民俗文化財、自然史の資料には、刷毛や筆などを使ってほこりを除去するドライクリーニングや、表面に付着したヘドロなどを水洗して除去する作業が行われます。また、塩分による錆の進行が認められるものについては、文化財内部に浸透した塩分を除去するための脱塩処理が行われます。脱塩処理は、脱塩処理後の金属部分の錆止め処理もセットにして行う必要があります。金属部分の錆止めの対策としては、酸素を通しにくい素材でつくられたプラスチックバッグに博物館資料と脱酸素剤を封入して保管する方法や、アクリル樹脂や精製され

た不乾性油を金属部分に塗布して錆止めを行う方法があります。なお、水損した博物館資料は、救出後や脱塩処理後に急激に乾燥させると、収縮、変形、ひどいときには破損を引き起こす場合があるので、温度と湿度がある程度安定した環境が整った保管場所の確保が重要となります。

　そのほか、水損した紙資料はポリ袋に封入した後、冷凍庫を利用して凍らせてカビの繁殖を抑えながら、真空凍結乾燥を行うという方法があります。この方法は、1993年8月に山口県防府市で起こった集中豪雨による土石流で被災した紙資料の応急処置で初めて試みられた方法で、その後も水損紙資料の応急処置としての実施事例が報告されています。また、東日本大震災では、プラハ洪水で被災した書籍への応急処置として採用されたスクウェルチ・パッキング法が紹介されました。スクウェルチ・パッキング法は、水損した紙資料を新聞紙などの吸いとり紙でくるみ、酸素を通しにくいプラスチックバッグに入れて、掃除機で吸引しながら脱気したのち、プラスチックバッグを熱圧着して保管するという方法です。水損した紙資料を空気の少ない環境で保管するので、カビの繁殖の速度を抑制できます。したがって、乾燥させる場所がない場合や、すぐに冷凍庫の確保ができない場合は、効果的な方法として注目できます。

D. 犯罪

　博物館資料への犯罪には、盗難や放火、何らかの意図をもって行われる破壊行為・汚損行為といった非文化的蛮行（ヴァンダリズム vandalism）というものがあげられます。これらの犯罪は、危機管理のなかで防犯対策を行うことで、ある程度の防御ができると考えられます。

　防犯対策には、まずは外部からの侵入防止が必要です。例えば、犯罪者が侵入しやすい窓ガラスなどに、縦横の格子を設置することが効果的です。また近年では、博物館資料の保管場所である収蔵庫などの施錠対策として、組織のなかで承認された担当者のみが、セキュリティーカードを持ち、博物館資料の保管場所の開錠を限定するセキュリティーシステムが採用されることが増えてきました。一方、展示場などの一般来館者が資料を観覧する場所では、監視員を配置したり、監視カメラを設置したりすることで、犯罪を抑止しています。また、大きな袋やかばんなどの持ち込みを制限することで、博物館資料の持ち出しの危険や破壊するための道具の持ち込み

を防ぐ方法も採用されています。そのほか、屋外にある博物館資料については、監視カメラはもちろん、防犯照明や防犯警報装置の設置があげられます。また、地域コミュニティ全体で不定期に見回りをするなどの活動が行われると、さらに防犯効果が高まるでしょう。

　いずれにせよ、博物館資料の防犯対策では、資料を所蔵する機関や地域のなかで、危機管理の意識を十分にもち、想定できる犯罪を予測しながら、防犯対策を講じる必要があるといえます。

〈参考文献〉
1) 文化遺産国際協力コンソーシアム 編：『被災文化遺産復旧に係る調査報告書総合版』、東京文化財研究所（2010）
2) 九州国立博物館・新潟県津南町教育委員会 監修：『よみがえる被災火焔型土器』、クバプロ（2005）
3) 文化財保存修復学会 編：『文化財は守れるのか？「阪神・淡路大震災の検証」』、クバプロ（1999）
4) 文化庁文化財保護部：『文化財（美術工芸品等）の防災に関する手引』、文化庁（1997）
5) 文部科学省生涯学習政策局社会教育課：『博物館における施設管理・リスクマネージメントガイドブック基礎編』、三菱総合研究所（2008）
6) 東京文化財研究所 編：『文化財の保存環境』、中央公論美術出版（2011）
7) 日髙真吾：『民俗文化財の防錆処理に用いる不乾性油の可能性』、近畿民具、31・32、35-46（2009）

〈参考 Web サイト〉
独立行政法人国立文化機構文化財防災センター：
https://ch-drm.nich.go.jp

第 3 章

資料の保全

肌裏紙の除去

キーワード

材質調査
劣化調査
構造調査
紙資料の修復
油彩画の修復
資料の梱包と輸送

3.1 資料の状態調査・現状把握

　伝世や埋蔵などを経て現在に伝わる博物館資料には、破れや欠損などの物理的な変化、シミやカビ、虫などの生物による汚損、さらには光や温湿度による劣化などが見られます。これらの資料をよい状態で保存していくために、まず資料の現状を把握しなければなりません。特に、新たに資料を受け入れる場合には来歴を含めた現状を調査する必要があります。そのためには、資料をかたちづくる材料や制作技法の調査や資料構造の調査、劣化状態の調査などを行います。これらの調査から美術史や技法史などさまざまな新たな歴史的発見につながることもあり、その結果を記録として残しておく必要があります。

3.1.1 資料の材質調査

A. 材質調査の目的と意義

　博物館資料に対峙したとき、はじめに行うのが資料の現在の状態を知ることです。破れや欠損などの物理的変化、シミやカビなどの生物による汚損、光や湿度による劣化などにより博物館資料は変化しています。これを見極めるのが本節のテーマである資料の状態調査・現状把握です。博物館資料全体を見渡して、かたちづくる材料を整理した例を**図 3.1** に示します。**図 3.1A** では材料を 2 つの視点から見ています。ひとつは、材料を構成する元素により、金属材料、無機材料、有機材料、そして、高分子材料に分ける見方です。材料例で示すと、金属材料には銅、鉄、銀、金あるいはその合金などがあり、無機材料は陶磁器に用いられるセラミックス材料、岩絵の具などの顔料などがあげられます。有機材料は紅花や藍等に代表される染料や油彩画に用いられる乾性油などがあります。高分子材料のなかで、無機高分子材料はガラスがその代表であり、有機高分子では木綿や絹などの繊維やそれを織った布、あるいは紙や膠、漆など幅広い材料があります。もうひとつは天然材料か合成材料、加工材料という視点です。これらの材

110　第 3 章　資料の保全

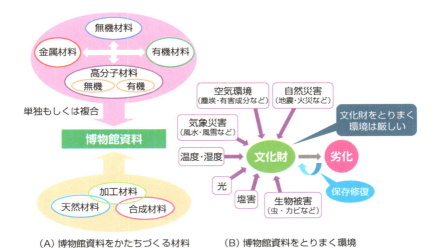

図 3.1　博物館資料をかたちづくる材料と環境

料を用いた博物館資料に影響を与える環境要因を**図 3.1B** に示します。このように博物館資料は多くの要因から影響を同時に受けるので、資料をとりまく環境は極めて厳しいです。そこで、これらの要因の影響を少しでも軽減することを考える必要があります。そのためにまず資料の材質調査を行います。『材質』とは一般的に材料の性質のことで、その基礎がどのような種類の材料からつくられているかを調べることです。『種類』は材料を無機材料や有機材料などに分類する観点です。材料に関する情報は、博物館資料を扱うとき、展示などを行うとき、輸送、保存や修復など多くの場合に必要となる基礎となります。

　博物館資料において、このような材料が単独で用いられることもありますが、多くは複合して用いられます。例えば、日本画では和紙や絹などの支持体上に滲み止めを施し、膠に分散させた緑青などの岩絵具で描画します。この場合、有機材料（和紙や絹、膠）と無機材料（岩絵具）が複合して用いられています。さらに、截金技法による描写を用いると金属材料も含まれることになります。このように複合された材料を用いると多彩な芸術表現ができることから伝統技法として現代に伝えられています。これらの技法を調査することは保存を考えるうえで必要であると同時に美術史の

3.1　資料の状態調査・現状把握　**111**

観点からも有用です。その反面、材料の複合により劣化が促進したり、逆に抑制したりするなど材料間の相互作用が考えられます。これは博物館資料の保存を考えるうえでの材質調査の意義のひとつになります。このほか、用いられた材料を知ることは、博物館資料の制作当時の材料の特徴を知ったり、場合により産地を推定したりすることもできます。さらに、材料中の不純物の分析から制作当時の製造技術やその水準を知ることができることもあります。このように博物館資料における材質調査は多くの意義を含んでいます。

B. 材質調査法

　材質調査の第一歩は調査の目的を明らかにすることからはじまります。すでに作成された対象資料に関する調書があればそれを熟読し、初めての場合は調書の作成からはじめます。それを見ながら調査計画を立案し、それにしたがって進めます。調査した結果は気づいたことを含めてすべて記録します。このような事前準備は大切です。調査目的に沿って材質調査の手法（分析方法や精度など）を選択します。さらに、材質調査を行う場合、非破壊調査とサンプリング調査に大別されます。それが決まったら調査を行う場所を選定します。資料を収蔵してある博物館や美術館へ調査機材を持参するのか、資料を移動して研究室などで行うのかを決定しなければなりません。

 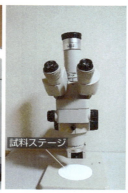 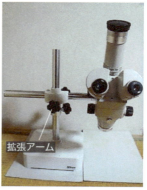

(A) 光学顕微鏡　　(B) 実体顕微鏡　　(C) 拡張アームを備えた光学顕微鏡

図3.2　光学顕微鏡の一例

(A) 位相差顕微鏡像（木綿）　　　　　(B) 微分干渉顕微鏡像（金属組織）

図 3.3　光学顕微鏡像の一例

　調査の基本は対象となる資料の目視による観察です。これを経て、光学顕微鏡など（**図 3.2**）を用いて詳細観察を行います。光学顕微鏡（**図 3.2A**）や実体顕微鏡（**図 3.2B**）では観察できる範囲は実体顕微鏡ではやや広いもののいずれも資料ステージの大きさにより決まります。そこで、**図 3.2C**のように拡張アームを利用することで平面作品から立体作品までの観察が可能です。**図 3.3**に観察例を示します。**図 3.3A**は木綿繊維の位相差顕微鏡像で、繊維の中が中空であることがわかります。支持体が紙か布あるいはその他の材料か、紙であれば楮か三椏かなどがわかります。また、**図 3.3B**は鉄鋼材料の微分干渉顕微鏡像で、金属組織が観察され製造法などの考察ができます。画像のデジタル化に加え、深度合成などの画像処理ソフトを搭載したデジタル顕微鏡も用いられています。次に、さまざまな調査方法を紹介します。

◆彩色材料の調査法

　通常は顔料か染料か、さらには材料が不明な場合が大半です。類似の資料の分析結果があれば参考にします。はじめに蛍光 X 線分析計（XRF）を用いて彩色材料を構成する元素を同定します。**図 3.4**に調査用の装置とその使用例を示します。この装置は可搬型で、調査の場所を選ばず、また作品が平面作品であっても立体作品であってもその形状によりません。場所も付属の拡張アームを使って作品の任意の位置にもっていくことができます。測定原理（**図 3.5**）によると、励起源の X 線を対称位置に照射すると、試料中の元素の軌道電子が X 線を吸収し、軌道外へ出ていくために生じた空軌道へエネルギー順位の高い軌道（外側の軌道）から電子が移動（電

図3.4 蛍光X線分析計の一例

子遷移）してきます。その際に、軌道差のエネルギーをX線（蛍光X線）として放出します。これをX線検出器でX線のエネルギーや波長を検出し、結合エネルギーから元素を同定します。蛍光X線分析計で分析できるのは元素のみです。例えば、鉄（Fe）が検出されても金属の鉄も酸化鉄（ベンガラなど）や硫化鉄などの化合物の鉄も区別がつきません。この場合、原理の異なる分析手法を併用して材料を同定していきます。そのための機器として複合X

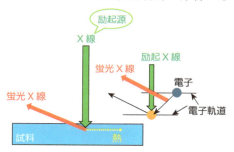

図3.5 蛍光X線測定の原理

（A）資料と装置の配置（平面治具）

（B）資料と装置の配置（縦型治具）

図3.6 複合X線装置の測定例

線分析装置（**図 3.6**）があります。この装置も可搬型であり、蛍光X線分析と材料の結晶構造がわかるX線回折とを兼ね備えています。そのため材料の同定が行えます。立体作品や平面作品に対応できる有力な分析装置です。これまで述べてきた手法は鉱物系の顔料には有効ですが、有機化合物系の染料の分析などには不向きです。そこで用いられるのが光を用いた分析、分光分析です。

◆**色に関する調査法**

私たちは資料の色を反射光で感じています。そのため、色の調査の基本は分光反射率で、その結果から色差という数値を求めます。**図 3.7 左**は測定装置である分光光度計のひとつで、測定ヘッドと制御系から構成されます。測定試料に白色光を照射して、反射した光を一定の波長を透過するフィルター（分光ユニット）を介して撮像素子にとり込み解析します。測定例（**図 3.7 右**）を見ると、画像の所望の位置の分光反射率と色差が得られます。

次に染料の分析に有効な三次元蛍光分光分析法を紹介します。この手法は、一定の波長の光（励起光）を試料に照射し、発生してくる光の波長（蛍光）とその強度をとらえる方法です。**図 3.8 左**が装置の一例ですが、通常の蛍光分光測定に加えて、図の左下に示すように光ファイバーを用いた測定用プローブも用意されており、微小部分や大型の博物館資料にも対応できます。紅花を測定した結果（**図 3.8 右**）を見ると、横軸が蛍光波長、縦軸が励起光波長であり、蛍光強度を図中の等高線で表しています。そのため三次元蛍光分光分析と呼ばれます。励起光波長と蛍光波長の組み合わせは物質に固有ですが、他物質と重なることもあるので、この分析法のみで材料を同定することはできません。

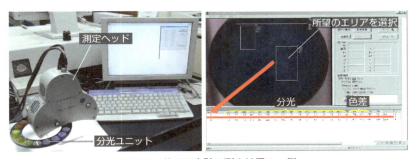

図 3.7　分光光度計と測定結果の一例

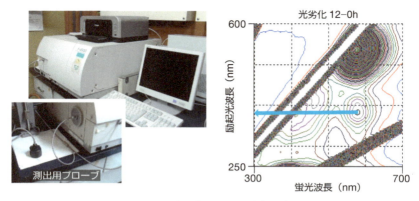

図 3.8　三次元蛍光分光分析計と測定例

◆**赤外線分光分析法**

　この手法は物質の有する結合の振動や分子回転のモードに生じる吸収を測定します。特にスペクトルの信号対雑音比（S/N 比）の向上のためにスペクトルの波形処理にフーリエ変換が用いられ、FT-IR と呼ばれます。**図 3.9** に示す測定器は顕微 FT-IR と呼ばれる赤外線顕微鏡の機能がありま

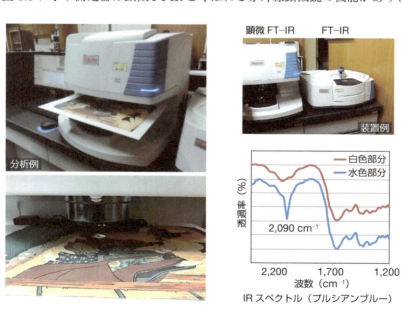

図 3.9　FT-IR の測定および測定結果

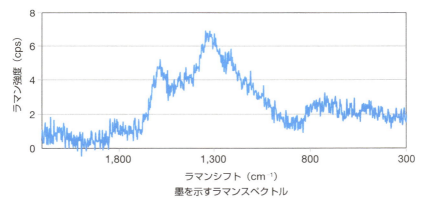

墨を示すラマンスペクトル

図3.10　ラマン分光測定および測定結果

す。これにより極微小部のIRスペクトル測定が可能です。浮世絵版画の青色部分を顕微FT-IRで分析（**図3.9左下**）すると、青にプルシアンブルーが用いられていることがわかります（**図3.9右下**）。

次に赤外分光と補完関係にあるラマン分光法を紹介します。**図3.10上**が装置で、レーザー光を試料に照射し、ラマンシフトを測定します。赤外分光法と同じ浮世絵版画の黒の色材を分析すると、データベースとの比較から非晶質のカーボンであり、墨が用いられています（**図3.10下**）。

◆**試料採取（サンプリング）を伴う調査法**

ここでは走査型電子顕微鏡（SEM）による観察とそれに付属する装置を用いた分析を紹介します。**図3.11**はフィールドエミッション型走査型電子顕微鏡（FE-SEM）で、鏡筒と呼ばれる長い筒状の部分の上部が電子線源であり、試料室にある試料に照射されます。そして、二次電子検出器

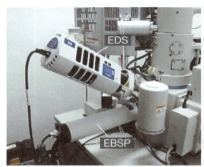
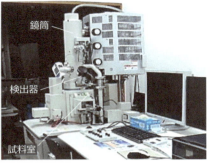

図3.11 分析機能付走査型電子顕微鏡（SEM）の一例

を得たい像により選択して試料より放出される電子をとらえます（**図3.11 右**）。二次電子のほかに試料から放出される特性X線があり、そのX線のエネルギー（エネルギー分散型、EDS）を検出して元素を同定します。EDSとともにEBSPと呼ばれる電子後方散乱を用いた

図3.12 炭素あるいは金-パラジウム合金の蒸着装置の一例

結晶方位解析が行える分析装置も付属しています（**図3.11 左**）。電子顕微鏡では電子線を用いるので原則として電子伝導を有する試料ではないと観察が行うことができません。電子伝導を有していないセラミックス材料や紙など多くの有機材料は、**図3.12**に示す炭素や金などの導電性材料の薄膜を試料表面に形成するか、試料室の真空度を低下させて観察するか、あ

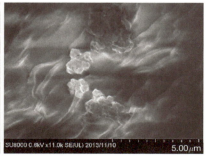

図3.13 SEM像（セルロース繊維）

るいは加速電圧を 1kV 程度にする等のチャージアップ防止などの工夫が必要です。**図 3.13** が FE-SEM による和紙を構成するセルロース繊維の観察結果です。繊維表面にはキューティクル様の組織が観察され、微細な結晶粒子（填料）も見られます。また、**図 3.14** の SEM 像から江戸時代に制作された鎧に用いられた金具に介在物（異物）が観察されます。EDS による元素分析から Fe が検出され、EBSP による分析から FeO であることがわかります。この時代の鉄は日本古来のたたら製鉄法が用いられ、還元途中の砂鉄が残っていたと考えられます。このほかの電子顕微鏡として電子線を試料中に透過させて像を観察する透過型電子顕微鏡（TEM）、透過型と走査型の特徴を併せもつ走査透過電子顕微鏡（STEM）などもあります。油彩画の媒材（メディウム）の分析には熱分解機能を付加したガスクロマトグラフ - 質量分析計（GC-MS）が、染料の分析には高速液体クロマトグラフィー（HPLC）が広く用いられています。

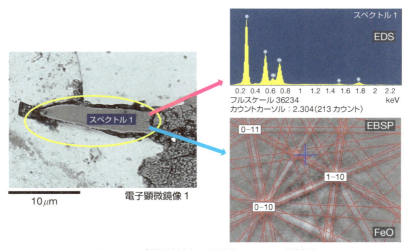

図 3.14　鉄鋼材料中の不純物の EBSP 解析例

材質調査－浮世絵版画の彩色材料

調査の対象となる資料はコピーを用意（**図1**）し、必要に応じてメモをしていきます。

調査対象：江戸時代に製作された浮世絵版画

調査目的：浮世絵版画に用いられた彩色材料を調べ、版画などの彩色材料を用いた文化財の保存に必要な基礎的なデータを得ることです。

調査結果：

①**外観調査**：資料上の刷り込みから、絵師は三代目歌川豊国、彫師は横川彫岩、版元は山口屋藤兵衛であることがわかります。モデルは坂東彦三郎で、役者絵と呼ばれ、この時代の人気の題材のひとつです。製作は文久2年（1862年）と伝えられています。

②**支持体の分析**：支持体の材料調査結果を**図2**に示します。支持体は光学顕微鏡観察から和紙が用いられ、**図2A**で示すようにC染色液（組成：塩化アルミニウム、塩化カルシウム、塩化亜鉛、ヨウ化カリウムの混合水溶液）により和紙の繊維が赤紫色に染色され、しかも楮（こうぞ）繊維に特有の薄膜が観察されることから、この繊維は楮です。また、

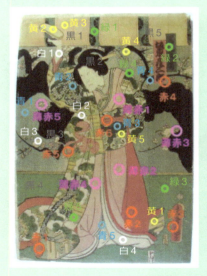

色	材 料
黄	染料？
緑	石黄、プルシアンブルー
黒	墨
白	なし
青	プルシアンブルー
薄赤	紅花（劣化？）
濃赤	ベンガラ、紅花

作品概要
○製作年代：文久2年（1862年）
○作　者：三代目歌川豊国
○彫　師：横川彫岩
○版　元：山口屋藤兵衛
○モデル：坂東彦三郎

図1　彩色材料の分析箇所と結果

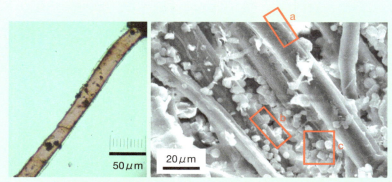

(A) C染色液試験後　　　　　(B) 支持体のSEM像と組成

領域	Ca	S	Si	Al	K	Na	Mg	P
a	9.1	23.9	8.6	13.1	27.9	9.5	3.2	4.8
b	8.6	21.1	11.8	17.8	20.0	15.1	−	5.5
c	78.8	6.5	2.4	2.4	5.4	3.2	−	1.3

図2　支持体の繊維の光学顕微鏡像ならびに組成

繊維上に黒く見える粒子は填料の米粉である可能性があります。この物質をSEMおよびEDSで調べると、**図2B**のように、繊維間に約3〜5μm角の立方体の微細な粒子および7〜10μmの板状の粒子が観察されます。それぞれをEDSで組成分析すると、**a**で示す部分からS、Al、Kが多く検出され、これらの元素は滲み止めとして使用された明礬（硫酸アルミニウムカリウム）に起因している可能性があります。**b**で示す部分の組成はMgが検出されない以外は支持体を構成する繊維部分と大きな違いは見られません。**c**の部分はCaが主な元素です。これは填料として用いられた石灰や白土あるいは胡粉が考えられ、時代的に考えると白土か胡粉であると推定されます。

③**彩色材料:**

彩色材料の調査: 彩色材料を調べるために、**図3A**で示す位置をXRF、紫外・可視分光分析ならびにX線回折で調べた結果を表にまとめて示します。黄色の部分はさまざまな分析を行いましたが材料を同定できません。青色部分はプルシアンブルーが、緑の部分は黄色の石黄と青色のプルシアンブルーが重ねて刷られています。黒の彩色材

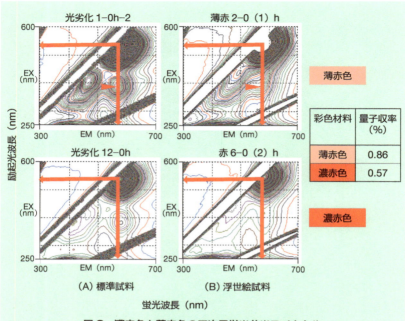

図3 濃赤色と薄赤色の三次元蛍光分光スペクトル

料については赤外線像をみると吸収が大きい、XRFからは黒に相当する元素が検出されない、X線回折像から非晶質であるなどの特徴があります。また、ラマン分光による測定から非晶質のカーボンが検出されたこととあわせると、黒の彩色材料に墨が用いられています。白は支持体の楮紙と同様で、彩色材料は用いられていません。薄赤色部分は劣化した紅花と推定され、濃い赤部分からはベンガラと紅花が検出され、両者を混合あるいは重ね刷りしたと推察されます。

　上記に調査の実例を紹介しました。博物館試料の調査を有効に行うには基本となる材料のデータベースが重要であること、先人の行った従来研究の調査が重要であることを実感いただけたと思います。そのためには多くの方々の協力と報告書などを公開し、情報共有が重要になります。

3.1.2 資料の劣化調査

　前項で浮世絵版画の材質調査で薄赤色が劣化していることを紹介しました。ここでは劣化調査の実例を紹介します。

> **実例** **劣化調査—浮世絵版画の薄赤色の劣化**
>
> 　先の**実例図1**で示した浮世絵版画の彩色材のうち、赤系の薄赤色と濃赤色の2種類に着目します。薄赤色は紅花が、濃赤色には紅花とベンガラが混色した彩色材です。そこで、**図3**に①紅花と②紅花とベンガラの混色とを現代の色材を用いて刷った資料を標準試料と浮世絵資料の三次元蛍光分光スペクトルを示しました。標準試料と浮世絵資料の励起波長と蛍光波長を比較すると、濃赤色はピーク位置の移動は見られませんが、薄赤色ではピーク位置の移動が見られます。標準試料に可視光を照射すると、波長のシフトが見られたのは薄赤色の紅花でした。このことから紅花が劣化したことがわかります。光照射による分光反射率の経時変化から、ベンガラには紅花の光劣化を抑制する効果（量子収率が小さい）があります。この版画の保存には光の照射を抑制しなければなりません。

　博物館資料の多くは保存環境により劣化が生じます。劣化状態を調査することは、これまでの保存環境を知り資料保存を進める重要情報を与えてくれます。さらに修復時にも有用です。資料の劣化は色彩や支持体などさまざまです。文化財資料と対峙したとき、初めにみるのは現在の状態を正確に把握することです。彩色材料を知ると制作時の色がわかるので、制作時の色彩を知り、美術史の関点の研究にも寄与できます。

3.1.3 資料の構造調査

A. 資料の構造調査とは

　これまで博物館資料の主に二次元的視点から材質の調査法について述べ

てきました。しかしながら、三次元的に資料をとらえていません。例えば、油彩画における"重ね塗りの技法"では、色彩の異なる絵具層を重ねる（重層化する）ことにより混色では得られない固有の色彩効果を得ています。これは三次元的な構造に起因しています。本節では、このような観点から構造調査についてX線透過像やX線コンピュータトモグラフィー（CT）像など具体的な例をとり上げて概説します。特に、近年では高輝度放射光施設（SPring 8）の出す高輝度X線を用いた工業分野での構造解析も行われており、博物館資料分野への積極的利用を考えてはいかがでしょうか。

実例　X線透過像撮影による構造解析—十手の鉤の接合方法

江戸時代中頃の金属の接合には鍛接（たんせつ）や珪砂を用いた接合が中心であることが文書より知られています。ここでは江戸時代に目明しが持っていた十手の鉤（じって）（かぎ）の接合技術をX線透過像撮影により解析した結果を紹介します。この構造は資料を切断すれば容易にわかります。**図**は得られた結果です。まず、外観像（**左図**）からは接合技術の解明は困難

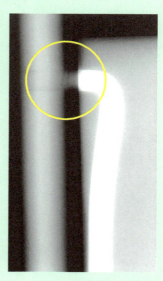

外観像　　　　　　　　　　　　　　　　X線透過像

図　X線透過法による十手の接合部の構造の解析

です。これを加速電圧が 225 kV でフィラメント電流が 50 mA で発生させた X 線で観察すると、X 線透過像の○印（**右図**）で示すように本体に丸い穴を開けて、そこに鉤を通して接合しています

実例 X 線 CT 像撮影による象嵌技法の調査

古代中国の新で製作された貨幣に施された象嵌（ぞうがん）技法の調査例を紹介します。外観像（**上段左図**）は表に金色で『一刀』の文字が見られます。EDS による分析から、Au が 85 mass%、Cu が 15 mass% の合金です。光学顕微鏡像（**上段右図**）から、金合金が埋め込まれているように見えます。この金合金部分の X 線 CT 像（**下段図**）を下記に示します。任意の角度で見ると貨幣厚が 1.5 mm、この金合金は 1.4 mm 厚さまで象嵌されています。また、その掘り方も貨幣表面に対してほぼ垂直でしかも角形で、高い加工技術であることがわかります。

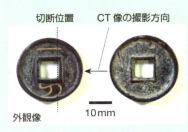

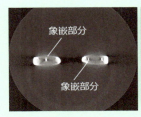
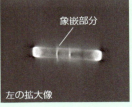

図　中国古貨幣『一刀』の外観像と光学顕微鏡像、X 線 CT 像

油彩画における技法調査—ミレー作『種をまく人』

『種をまく人』（ミレー作、山梨県立美術館所蔵）の修復調査の結果の一部を紹介します（**図**）。X線透過像から、像の左上に下絵（○印）があります。これを作者のデッサン帖と比較するなど行っていきます。油彩画の裏側から手術用顕微鏡下で採取した試料を断面が出るように

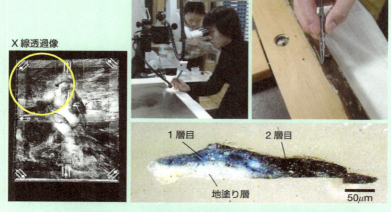

図　手術用顕微鏡を用いた極微小試料の採取と光学顕微鏡像、X線透過像

樹脂包埋した試料を作製し、光学顕微鏡やSEMで断面観察しました。鉛白の地塗り層上に合成顔料のコバルトブルーの青色絵具、その上に黄土の絵具が重ねて塗られています。これは絵画技法の重ね塗りの技法（重色技法）です。絵具資料の断面観察から絵画構造がわかります。

〈参考文献〉

1) 京都造形芸術大学 編：『文化財のための保存科学入門』、角川学芸出版（2002）

2) 古田嶋智子、桐野文良：江戸時代後期浮世絵版画における紅花とベンガラの混色の褪色挙動、第31回 文化財保存修復学会発表講演要旨集（2009）

3) 桐野文良、江戸時代後期制作の浮世絵版画に用いられた彩色材料の分析、検査技術、**16**(9)、9-22（2011）

4) 桐野文良、大野直志、田口智子：中国「新」時代に制作されたと伝えられる貨幣『一刀』に用いられた金属工芸技法、日本金属学会誌、**83**(3)、 87-96（2019）

5) 桐野文良、星恵理子、木島隆康ほか：ミレー作「種をまく人」に用いられた顔料の分析、山梨県立美術館研究紀要、**19**、13-22（日本語版）、57-59（英語版）（2004）

6) 桐野文良【技術解説】空気環境中での文化財の劣化とその評価、空気清浄、**46**(5)、331-338（2009）

7) 桐野文良【研究紹介】自然科学の眼で見た文化財—先達の智慧に学ぶ—、クレーン、**48**、37-40（2010）

3.2 紙資料の修復・修理

博物館資料の長期的な保存と利用を保証するために、保存・修復は、①原形保存、②安全性の確保、③可逆性の確保、④記録の4つの原則に則って行います。そのためには、資料の材料や構造、傷みの進行度合い、そして修復のための技術や材料の理解が欠かせません。

3.2.1 修復の基本的な考え方

資料の修復は修復家（conservator/restorer）に最終的にはゆだねることになりますが、すべての修復家が十分な倫理、知識そして技術を有しているわけではありません。文化財保存修復学会では資料の保存・修復をするときの基本的な考え方を行動規範として定めています。

学芸員、司書およびアーキビストは、自館資料の長期的な保存・利用方針を立て、それに沿って修復方針を決めなければなりません。これには全資料の現状把握が必要です。

美術品や歴史的に価値あるものは現物を残す必要性に重点をおくことになります。一方、大量の資料を「群」として残したい本や文書の場合、保存の必要性は「モノとしての状態」、「現物として残す必要性」、「利用頻度」の3つの積で決定されます。「利用のための保存」の方策としては「防ぐ」「点検する」「とり替える」「直す」「捨てる（選択する）」があります。「とり替える」にはより長期的に情報を残すための代替物（マイクロフィルム化など）による保存も含まれます。現状ではアナログ媒体での保存のほうが、デジタル媒体での保存よりも、低コストでしかも確実に長期的な保存ができるとされています。そのため、「アナログ保存、デジタル利用」という表現がよく使われます。

また紙資料は長期的な展示や度重なる利用には適さないので、複製品や代替品を用意することもよい保存手段です。

保存・修復の原則は、①原形保存、②安全性の確保、③可逆性の確保、

④記録の4つです。文書の原形保存には各文書がどのような順序、まとまりで保管されていたのかという現秩序の（記録）保存も含まれます。安全性の確保は長期的に安定で高品質な材料を選択するとともに、資料を破壊する危険性の高い手法を避けることで達成されます。適当な修復方法が現状ではない場合は、修復処置を後世にゆだねる慎重さが求められます。特に、新材料や新手法を適用する前には十分な検討が必要です。例えば、アルカリ性（中性）紙を酸性紙と直接接触させることにより酸性紙の変色が促進されてしまった例もあります。可逆性の確保とは次の修復を阻害しないよう、接着剤などは水や溶剤で除去可能なものを用いることをさし、記録はどのような材料を用いてどのような処置を行ったかを記録することであり、次の修復時およびその修復によって問題が生じたときの原因究明のためにも必要です。そのため、修復担当者には十分な処置方法の報告書作成を義務づけ、報告書は資料と同様に大切に保管しなければなりません。

　予防的保存（preventive conservation）の一環として、本格的な修復のみでなく、適宜予防的に修復することで、急速に傷みが進むことを低コストで防ぐことができます。東京国立博物館などでは修復家を雇い、このような予防的修復を館内で行って成果をあげています。

基本用語　修復と修理

修復には原形への復元という意味合いが含まれているので、著者によっては資料の現状維持での処置という意味で「修理」を使います。ただし、現在では、今後急速に傷みが進行しないような手当と、美術品としての最低限の見栄えの調和を図るための手当にとどめる場合がほとんどですので、資料の「修復」と「修理」はほぼ同義で使用されます。

　資料の修復における材質調査は可能なかぎり無侵襲性（non-invasive）分析を用います。ただし、無侵襲性分析法では十分な修復方針が決められない場合、あるいは極微量の試料採取により研究が飛躍的に進む場合には侵襲性分析が許可されることがあります。作品や資料などの劣化要因を材質調査で推定して、その対応策としての修復を行うためです。

基本用語　無侵襲性分析法

「無侵襲性分析法」は一般的には「非破壊分析法」と呼ばれますが、自然科学分野での「非破壊分析」とは、試料採取（資料は破壊されます）をしないことではなく、採取した試料につ

3.2　紙資料の修復・修理　**129**

いてくり返し分析可能な方法と定義されているので、あいまいさを避けるために用語を使い分けることをおすすめします。文化財分野のような学際的な分野では、専門分野により言葉の定義が異なる場合が多いので、他分野の研究者の用語の定義に注意を払いましょう。

3.2.2 紙資料の修復

修復する際は、まず材質調査をしたうえで、修復方法を検討し、実際の作業に入ります。

A. 紙資料の材質調査

①肉眼による観察

資料の全体から細部にわたって、どのように傷んでいるのかを肉眼で観察します。その際に低い角度で光（斜光）を当てると、表面の凹凸が観察しやすくなり、彩色の浮き上がりや基材表面の変形を把握しやすくなります。透過光による紙の地合（繊維の分散や紙の厚みの均一性）や漉かし文様などの観察も行います。

次に、ルーペや実体顕微鏡、デジタル顕微鏡などによる細部の観察に移ります。

紙作品に用いられている各種の彩色材料を見分けることも重要です。最低限、修復に使う溶剤などにどのように反応するかを把握します。作品中には同一の色でも別の彩色材料が付け加えられていることもあります。木炭、コンテ、石墨（グラファイト）、パステル、鉛筆は紙の上に載っているような状態であり、擦れに弱いです。墨、インクや染料は紙にしみ込んでいる部分は擦れに強いですが、表面についている部分は注意が必要です。顔料を紙に固定する展色材としてアラビアゴム（水彩画）、膠（日本画）、シェラック（木炭画）などがあります。経年劣化している場合にはこれらの補強が必要です。新しい描画材料としてはボールペン、フェルトペンなど、そしてインクジェットプリントもあります。これらは、水性、油性または顔料系、染料系に分類でき、複写方式によるものも含めて種々雑多で、同一メーカーの同一商品名のものでも内容が変化していることが珍しくありません。墨は大変安定な物質ですが、有機系染料は耐光性や耐オゾン性（特にインクジェットプリント）に弱いものが多く見られます。また、写真には多くの種類があり、それぞれ保存性や薬品に対する耐性も大きく異

なります。最近では写真品質のインクジェットプリントが加わり、写真用印画紙のつもりで水洗したところ、インクが流れてしまった失敗例もあります。

②各種光線を用いた観察

赤外線を用いた観察を行うと、墨線などの下素描が観察できることがあります。一部の市販デジタルカメラと適当な可視光カットフィルター（R64など）を組み合わせると、安価に赤外線撮影が可能となります。

X線透過写真やその応用であるエミシオグラフィ（絵の表面に撮影用X線フィルムを密着させて撮影するので、X線が基材を透過する必要がない）では、無機顔料が二次元的にどのように分布しているのかを知ることができます。

肉眼観察とこの結果をもとに蛍光X線分析を行うと、用いられている顔料の種類を推定できます。同じ色を数種の顔料・染料で描き分けていることもあります。浮世絵などに用いられている有機染料の同定には、紫外線蛍光分光装置がよく用いられます。

③産地や製造時期の推定

紙の産地や製造年代を知る方法としては、手漉き洋紙の漉かし文様による方法があります。漉かし文様は製造会社により異なり、またその形も少しずつ変化します。炭素14年代法（放射性炭素の残留量で年代を求める方法）も紙の年代を測定する方法として使われることがあります。紙の寸法、厚さ、坪量（単位面積あたりの紙の重量）、漉き簀の簀の目間隔、糸目間隔そして受け桟の間隔、填料の有無とその種類などを用いて和紙のおおよその分類は可能ですが、産地の詳細を明らかにすることは、ほとんど不可能です。

紙の繊維の種別は肉眼でもルーペによる拡大観察でもある程度は可能ですが、最もよいのは極微量の繊維を採取して、顕微鏡下で観察することです。これは、繊維の種別のみではなく、製造時の繊維の叩解（切断したり叩いてやわらかくする処置）程度も知ることができ、本紙と同様の品質の補填紙（欠損部分を埋める紙）を製造する場合の一般的な方法となっています。楮紙を写経に用いる場合などでは紙を湿して打つ（打紙）ことがよく行われていました（**図3.15**）。楮紙の打紙は風合いが雁皮紙のように

3.2 紙資料の修復・修理 **131**

打紙の効果（楮紙100%）

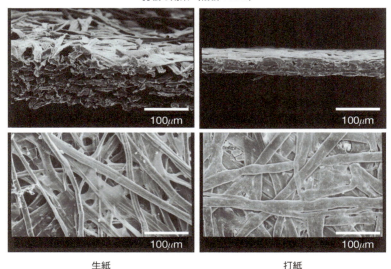

生紙　　　　　　　　　　打紙

図3.15　楮紙の打紙による表面と断面変化

なり、過去には間違って雁皮紙と同定されている打紙の例が多いようです。

④**劣化原因の推定**

　紙の劣化原因としては、第一にその主成分であるセルロースの酸加水分解があげられます。紙が変色していて酸加水分解による劣化が疑われるときは、紙のpHを測り、pHが低ければ脱酸性化処理を行います。第二には、

図3.16　インク焼けを起こしている文書
紙の漉かし文様も見える。

鉄タンニンインク（昔のインク）や緑青（絵の具）中の金属イオン（鉄や銅）が促進する酸化分解（インク焼け（**図 3.16**）、（緑青焼け）があげられます。インク焼けにはフィチン酸溶液による鉄イオンの不活性化処理が有効とされています。ここで注意すべき点は、酸化セルロースは酸よりもアルカリに弱くなることです。よって、酸化が進んだ紙資料の脱酸性化処理には細心の注意を払わなければなりません。なお、ホウ素化水素ナトリウムなどで還元処理すると、この問題を解決できます。

クリップやホチキスも錆びると紙の酸化を促進するので、ホチキスを外し、糸綴じなどに変更する処置もよく行われます。

酸化はセルロース分子などに酸素がつく反応です。これ自身でも劣化します。一方、セルロース分子など有機分子が酸化すると、有機酸が生成します。生成した有機酸は紙の pH を低下させるので、セルロースの酸加水分解による劣化も促進させます。酸加水分解反応は紙を中和させると止めることができますが、先に述べたインク焼けなどの酸化反応が劣化の主原因の場合は、中和しても劣化は進むので、酸化反応を止めなくてはなりません。

B. 紙資料の修復方法

①フラットニング

紙資料が丸まっていたり、変形して凹凸になっているときはフラットニング（平らにする）処置を行います。紙資料を平らにしたい場合、霧吹きで紙に水を与えるのが一般的ですが、液体の水が使えない、あるいはその判断ができない場合には、高湿度の箱に資料を入れる方法や、液体の水は通さず、気体の水（水蒸気）のみを通すゴアテックスシートを資料の上にのせ、その上に濡らしたろ紙を置いて加湿する方法があります。

②剥落止め

絵の具を画面に固着している展色材（膠など）が劣化して、絵の具の剥落や彩色層が浮き上がっているときは、剥落止めを行います。このとき、表面につやを帯びさせると、見た目が変わるので、そうならないような材料と方法を選択します。伝統的には膠や布海苔が使われます。これらで対応が難しい場合にはメチルセルロース（MC）やヒドロキシプロピルセルロース（HPC）のような合成樹脂が用いられることもあります。しかし、ポリビニルアルコールで修復された作品がその後変色や剥落が進むなどの

3.2　紙資料の修復・修理　**133**

問題を起こした例もあり、新素材の導入には慎重さが求められます。

③クリーニング

　資料が汚れているときはクリーニングを行います。ほこりはカビを呼びますので、その防止にもなります。

　ドライクリーニングは、水を使わず、刷毛や粉消しゴムでほこりやカビをとり除く方法です。

　ウェットクリーニング（水処理）は、水洗処理によって紙中にたまっている酸や汚れを洗い出す方法（**図 3.17**）ですが、その作品や文書に水溶性のインクなどが使われていると、にじんだり、インクが流れ出す恐れがあるので、使用前に使う水、溶液、溶剤を綿棒に少量つけて、資料に用いられている彩色材料（インクも含め）それぞれについて溶け出さないことを確かめます。脱酸性化処理に用いるアルカリは、染料を変色させる可能性が高いので要注意です。水が浸透しにくい資料をウェットクリーニングする場合にはエタノールを混ぜて改善する方法があります。処理の範囲を限定

図 3.17　版画の水洗処理
（左上）処理前、（左下）処理後、（右上）水洗中の様子、（右下）洗浄水の色変化
〔写真提供：坂本雅美氏〕

する方法としては、サクションテーブル上に作品を置いて、処理液をすぐ下から吸引しながらまわりに液が広がらないようにする方法があります。

　カビが発生した場合には、まわりに飛散しないように資料を隔離します。美術作品の本紙（画などが描かれている紙）などの場合は、修復家に処置を任せましょう。本などで発生する軽度なカビの場合は 70 ％エタノールで対象品とその置いてあった棚などを拭きます。カビの胞子などは人体にも影響を及ぼすので、マスクなどの着用や換気をします。

④本紙の補填、強化

　虫食い穴などを放置すると後で大きな損傷を引き起こす恐れがあるので、これを埋める処置を行うことがあります。ただし、ひとつずつ穴を埋めていては手間がかかるので、繊維を水中に分散させた液を本紙の上に流して、下から水を抜くことで、穴の部分に繊維が優先的に嵌め込める漉嵌め（リーフキャスティング）法で全体を一気に処理します。ページがさけている場合にはその部分に薄い楮紙などをあてて保護します。以前は全面を裏打ちする方法がよく行われましたが、紙全体が劣化していなければ、できるだけ裏打ちは避けるのが望ましいとされています。これは、裏打ちすると紙本来の風合いなどの情報が失われるからです。ほかに適切な方法がない場合は裏打ちを行いますが、両面に書写されているような場合には、坪量 3 g/m² 前後の極薄い楮紙（ちなみに通常のコピー用紙は 60 g/m² 前後です）を本紙の表面に貼る方法が用いられることもあります。この紙はとても薄く、文字もほとんど隠れません。あるいは紙を相剥ぎ（厚さ方向で 2 枚に紙を裂く）して、あいだに補強紙を入れて再接着する方法（ペーパースプリット法）があります。

　本紙に直接処置を行わないで、フィルムに挟み込む方法（フィルムエンキャプセレーション法）も閲覧による損傷を抑える有効な手段です。ただし、ラミネーションは粘着剤が後で大きな問題を引き起こすので、絶対に使用してはいけません。同様にセロハンテープでの補修もいけません。ドラフトテープやポストイットも本紙には絶対に使用しないでください。

⑤脱酸性化処理

　脱酸性化処理を行うと、紙の残存寿命が 3 倍程度延びるといわれています。脱酸性化処理には少量法と大量法があり、また水性と非水性の方法に

分類できます。1枚の紙でできた資料で水の使用が可能であれば、紙の洗浄、脱酸性化処理、漂白を一連の流れとして行えます。炭酸水素カルシウムや炭酸水素マグネシウムなどの水溶液が少量脱酸性化法ではよく用いられます。非水性の少量脱酸性化処理には水酸化バリウムメタノール溶液やブックキーパー法（酸化マグネシウムの分散液）のスプレーがよく用いられているようです。日本で行われている大量脱酸性化処理としてはブックキーパー法とガスを用いるドライ・アンモニア・酸化エチレン（DAE）法があります。脱酸性化処理により染料などが退色することなどがあるため、多様な紙と記録材料が混在しているものや貴重な作品や文書には大量脱酸性化処理は使いません。

⑥漂白

　漂白には酸化漂白と還元漂白があります。一般に漂白処理は紙を劣化させるので、できるだけ行わないようにします。特に、過マンガン酸カリウムは表具に対して現在でもよく用いられていますが、その文化財美術作品・文書への使用は絶対に避けるべきです。その理由は処理液の濃い色のために漂白処理の進行が観察できないこと、酸化力が強く繊維の傷みが大きいこと、そして残存薬品による変色が起こることが多いためです。実際に画像も漂白され、基材である紙とともに白くなってしまった失敗例があります。塩素系の薬品（クロラミンTなど）も同様に問題を起こすことがあり、最近ではほとんど用いられなくなっています。最も多用されている薬品としては過酸化水素水があります。また、比較的傷みの少ない漂白法としてサンブリーチ法（アルカリ水溶液中に浸して太陽光などを当てる）があります。これらは画面に発生したフォクシング（茶色のしみ）が鑑賞上問題となるときなどにやむなく行います。

実例　装潢作品（表装作品）

　支持体である紙や絹だけのままでは脆弱です。そのため、保存や鑑賞するために掛軸、巻子（巻物）、屏風、襖、額、冊子などに仕立てたものを装潢作品（表装作品）と呼びます。巻いたり、折りたたんだりできるものはコンパクトに収納でき、移動も便利で、空気にふれに

136　第3章　資料の保全

くいので本紙の退色や酸化なども軽減できます。

　装潢作品では表装と書画が一体化しています（**図1**）。そのため、修復は本紙だけを処置するのではなく、装丁も行うことになります。

　掛軸や巻物の修復の一般的な流れは次のとおりです。①解体（表装と本紙を分離する）、②剥落止め（絵具層を膠水で強化）、③汚れの除去（水を作品の画面上に噴霧し、画面下のろ紙に吸わせる）、④裏打ち

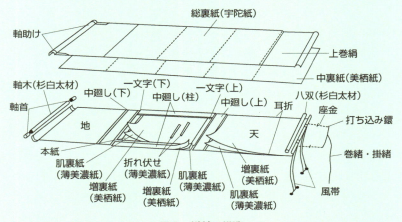

図1　掛軸の構造
表側が下で、本紙のまわりに裂があり、それらの後ろに補強の紙を貼りつけている。
（図解　日本画用語事典より一部改変）

図2　肌裏紙をピンセットで少しずつ除去〔写真提供：三浦功美子氏〕

紙の除去（本紙が弱っている場合は布海苔で保護紙を表打ちしておく。総裏紙や増裏紙を剥がす。肌裏紙は少しずつ水を与えて、ゆっくりと除去するが、本紙と直接接着されているため大変難しい。また、絹絵では裏彩色されていることが多いので、この彩色を除去しないような

注意が必要 **図2**）。⑤欠失箇所の補填（本紙に近い紙や絹で欠失箇所を埋める。絹の場合には電子線などで劣化させたものを用いる。また、以前の修復では欠失箇所よりも大きく補填材を貼っていたが、余分に貼ると、その重なった箇所の本紙が失われやすい。）、⑥新規裏打ち（肌裏打ちは薄美濃紙を新糊（正麩糊）で貼り、その後炭酸カルシウムを含んだやわらかい紙で増裏打ち（美栖紙）や総裏打ち（宇陀紙）を古糊（正麩糊を5から10年程度甕中に保存して造る）という接着力を落とした糊で行い、軸をやわらかく仕上げる。本紙に折れが入っている箇所には増裏打ち後に細長い薄美濃紙で折れ伏せをする）。⑦補彩（補填箇所が目立たないように地色に合わせる）。

　表具には仏画表具、大和表具、輪補表具（茶掛け）、文人表具などの形式があり、絵の内容によって基本となる形式が決まっています。表装裂は、本紙の内容や時代、作品の伝来、裂の由来などによって再使用する場合や新調する場合があり、所蔵者との意向も含めてどうするか決定します。

　掛軸は巻くことにより折れることが多いので、経年劣化が進んだ作品では、「太巻き添え軸」という軸を太くするサポートを用いて収納します。

　巻物も掛軸と同様の方法により修復されます。仕上げに本紙の上下を切りそろえると、画面の上下が修復のたびに失われることになります。上下に伸ばして、本紙が傷まないような工夫が必要です。

　屏風、襖や和額などはパネルに本紙を貼ります。骨組みに用いる木材はスギの辺材（白太）を用います。ほかの部材、部位を用いると材のヤニが本紙にしみをつくってしまいます。この骨（木の骨組）に何層もの和紙を工程ごとに違う方法で貼っていきます（下張り）。下張りはパネル自体に強度をもたせ、ゆがみが出ないようにしています。そして、骨と本紙の伸縮の差を吸収し、本紙が裂ける損傷などを食い止める役割をしています。さらに、骨から出るヤニを吸収し、本紙に影響を与えないようにもしています。

　装潢作品の古い物は、何度も修復が行われて現在まで伝わってきています。その時代の流行や所蔵者の意向によって、襖から屏風へ、巻

子から折れ本へなどと装丁も変えられていることがあります。絹本の裏彩色や旧装丁の形態などに関しては、修復中にしか発見できない情報もあり、屏風の下張りに使われている反古紙からの歴史的発見もあります。

実例　文書

　初心な資料はできるだけその状態を保つような配慮が必要です。上杉家文書の修復にこの考え方が強く意識されました。そのため、資料の水洗や糊の使用なども可能なかぎり避けます。よって、何でも裏打ちするのは、紙の風合いなどの情報をなくすのでやめましょう。虫食い穴の補修や裂けている箇所のみ修復します。文書には折った痕跡があるものがあります。これらは、その紙がどのように用いられたかを示しています。角筆で紙を引っ掻いて注釈を入れている場合もあります。濡れた状態で紙を強くプレスして痕跡を消さないことも大切です。

実例　書籍

　製本の傷みのみであれば、本文には手をつけないようにします。一方、ひどく痛んでいる場合は、解体し、本紙の補修、脱酸性化処理などを行います。その後、もとの製本形式で製本しなおしますが、その製本方式が保存上問題があるときは、記録したうえで、改変することもあります。このとき、小口などを切りそろえると、書き込みや本文が切りとられてしまうので、できるだけ切りそろえないようにします。

実例　版画、浮世絵

　版画、浮世絵などの修復は文書の修復と同様ですが、彩色材料として染料が用いられているケースでは、そのとり扱いに細心の注意を払います。紙の凹凸には版画の作り方の情報も含まれています。これら

3.2　紙資料の修復・修理　**139**

の作品の修復では粘着剤（セロハンテープなど）を貼ったことによる損傷や、フォクシング（しみ）が発生したことによる見栄えの低下の処置が多いようです。

　作品はブックマット（2枚のボード（厚紙）をリネンテープでつなぎ、片方のボードに窓をくり抜いたもの）に固定します。こうしておけば、そのまま額に入れて展示できます。そして、とり扱うときに本紙に直接触れることがなくなります。なお、酸性紙などの品質の悪い厚紙にマッティングされている作品は良質な厚紙でマッティングしなおすべきです。

3.2.3 油彩画の修復

A. 油彩画とは

　油彩画の保存と修復について述べる前に、まず、油彩画とは何かを説明する必要があるでしょう。

　油彩画とは、顔料と乾性油を練り合わせた絵具を用い、布や板などの支持体に描いた絵画をいいます。ときには、紙や絹に描かれたものもあります。顔料は粒子が微細であることが好ましく、乾性油は主にリンシードオイル（亜麻仁油）やポピーオイル（けし油）が使用されています。油絵具に含まれる乾性油が空気中の酸素を吸収し酸化重合によって固まります（固化）。油彩画はいかにも油（乾性油）が用いられていて、一般的に、耐久性のある材料と思われがちですが、実際には、適正を欠いた方法で描いたり、保存された環境が劣悪だったりすると、意外にも弱い材料です。丈夫で耐久性のある油彩画であるためには、油彩画本来の性質を活かした、伝統的な適切な描き方が必要でしょうし、保存環境にも気を配らなければ、油彩画であっても長持ちは保証されません。現在では種々の添加剤が含まれて、使いやすいように調整されて失敗の少ない画材として市販されています。しかし、それがゆえに油絵本来の重厚感と透明感、加えて保存性の観点でも堅牢さが奪われています。

　さらに、油彩画を構成している材料とその構造をしっかり知っておくと

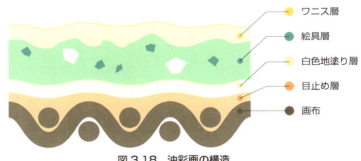

図 3.18　油彩画の構造

理解が早いでしょう。**図 3.18** は、油彩画の断面図です。下から、支持体の布、その上に塗布された膠などの目止め層、さらにその上に白色地塗り層、その上に油絵具の絵具層と続き、最上層は保護ワニスが塗られて、油彩画はこのような構造で成り立っています。もちろんワニスが塗られていない作品もあります。板絵の場合でも、構造は同じです。布が板に変わっただけで、基本の構造に変わりはありません。これらの構成材は、各々の性質と役割をもち、相互に連携して健全な状態を保っています。保存状態のよい作品とはそれらが絶妙にバランスをとって均衡した状態にあり、そのなかのひとつでも均衡を欠くと、作品はバランスをくずして傷みが進行しはじめます。さらに、画家の技法と材料も無視できません。表現材料として万能のように思われる油絵具であっても、色材である顔料と媒剤（メディウム）のバランスを欠く場合、通常よりも早く、乾燥過程で損傷が露呈してきます。自由自在に使い勝手がよさそうに思えますが、実のところ欠点が現れるのに時間がかかる実に手強い材料なのです。描いた当初は体裁が整ってみえても、10 年後 20 年後に劣化が現れて、絵具の浮き上がりや剥落のはじまった作品を修復現場でよく見かけます。

B. 修復のための事前調査

　現代の油彩画修復にあって、事前調査は修復の一部として定着していることは周知のとおりであり、事前調査を欠いた修復は、もはや修復ではありえません。事前調査は、修復前に立案される修復方法や材料の選択に、的確な指針を与えてくれる重要な役割を担っています。得られたデータは再修復時の貴重な参考資料として末永く残すものでなければならず、おろ

そかな調査であってはなりません。

　事前調査の開始は、まず作品を物質としての「もの」として位置づけ、客観的な診断からはじまります。調査前に、まず修復に必要な各種の撮影が行われ、必要に応じて、顔料の成分分析、画家の履歴なども調べられます。調査内容は、大別すると、絵具層の表面、絵具層の内部、画家の技法材料であり、加えて、支持体の布や板、付属の木枠や額縁の状態もチェックします。

①写真撮影

　撮影は、修復前、修復途中、修復後と行われ、修復現場ではごく当たり前な作業として作業工程のなかに組み込まれています。

　まず、正常光下で作品の表と裏を撮影し、さらに画面表層の起伏を見るために側面から照明を照射して側光線撮影を行います。額縁が付属している場合は、額縁付きの状態も写します。作業途中では、作業状況がわかるようなスナップ撮影も記録として重要です。

　さらに、踏み込んだ調査撮影には、X線透過撮影、光学顕微鏡撮影、紫外線蛍光撮影、赤外線反射撮影があります（3.1節参照）。

②絵具層の表面観察

　修復前の撮影を終え、その撮影画像を踏まえながら行うのが目視観察です。絵具層の表層を詳細に観察し書きとめます。この作業では、観察する担当者の綿密で注意力豊かな観察力が求められ、内容のある記録はよい修復につながります。また、目視だけではなく、ときには光学顕微鏡や小型ルーペで拡大して観察することも必要でしょう。肉眼では見えない絵具層の表層が拡大されることによって、亀裂や浮き上がりの状況を詳しく知ることができます。ときとして赤や緑、黒や茶色の顔料粒子が見えて絵具の混色状態がわかり、亀裂からは色調の異なる絵具層の積層構造が観察されて、作家の技法材料の手がかりが見つかることもしばしばです。

　紫外線蛍光検査も油彩画調査には欠かせない検査方法です。近年では、紫外線検査灯は、修復現場に限らず、美術館・博物館に常備されて、頻繁に状態調査に用いられています。紫外線は波長が短く強いエネルギーをもっており、照射された物質によって異なる蛍光反応を示します。絵の最表層にあるワニスでは青白く蛍光し、補彩（修復目的で色合わせした処置）

などは黒く見えて、目視では判別できないワニスの状態と修復の様子が観察されます。また、絵具によって色合いの異なる蛍光を示し、その色合いの違いが、おおよそではありますが、顔料の同定に目安を与えてくれます。油彩画の保存修復に携わる者ならば、調査道具として小型ルーペや携帯型の小型紫外線灯を持っておくと、ちょっとした出先の調査では大変便利です。

③**絵具層の内部観察**

もはや目視では見えない絵具層の内部も、貴重な情報が潜んでいます。そのような調査には、X線透過撮影、赤外線反射撮影、非破壊分析の蛍光X線分析法、さらに、絵具の微小試料片を利用した光学顕微鏡によるクロスセクションの観察と、クロスセクションを利用した顔料検査法が用いられます。

X線透過撮影とは、物質の透過力が強いX線を作品に照射し、透過して得られた画像を利用して絵具層内部を観察する方法です。X線は物質の種類や密度の違いによって透過度が異なり、その違いによって濃淡が生じ画像となります。特に鉛白（シルバーホワイト）が使用された作品に対して効果的です。鉛白の使われ方が端的に画像として現れ、作品の特徴を示してくれます。ときに下層に別の絵が描かれていることがわかります。さ

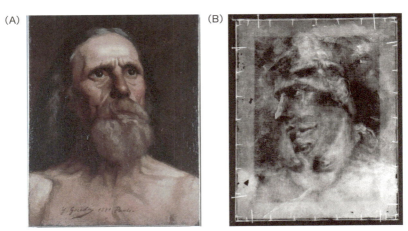

図3.19　五姓田義松「伊太利人半身像」
(B) は (A) のX線透過写真。〔1881年作　東京藝術大学大学美術館所蔵〕

らに、制作途中の図像の変更なども観察することができます。例えば、**図3.19 A** を X 線透過撮影した写真（**図 3.19 B**）では、下層に 3 人ほどの人物が重なっている様子が見え、複数回作品を描き重ねたことがわかります。

赤外線反射撮影とは、可視光よりも波長の長い赤外線を作品に照射して行う撮影です。波長の長い赤外線は、わずかですが、絵具層の中に入り込み、炭素を含む木炭や鉛筆で描かれた目視では見えない下素描を写し出します。写し出された下素描は、画家の制作手順や制作途中の模索の様子などが読みとれて、作者の絵画技法を知るうえで貴重な参考資料となります。ただし、絵具が厚塗りである場合は、赤外線が下層にまで届かず、仮に下素描があったとしても写し出すことは困難です。ほかにも、赤外線を作品の裏側から透過させて撮影する赤外線透過撮影があります。薄塗りの絵具層や薄手の支持体の場合は、赤外線が透過しやすく、鮮明な下素描を写し出します。ただし、カンバス画では、木枠が邪魔して全体像をとらえることができません。

蛍光 X 線分析法は、非破壊の分析法として絵画に限らず広く資料の材料分析に用いられています。油彩画の顔料特定でも有効な手法です。作品の表面に微弱な X 線を直接照射して、そこから発生する固有の X 線（蛍光 X 線）を測定し、元素を同定します。元素の構成から作家が使用した絵具の顔料が推定されます。

近年、この X 線機器は小型化が進み、持ち運びが容易でありながら軽い元素の測定性能も向上するなど、これまでになく顔料の判定精度が上がってきています。

クロスセクションによる検査法は、微小な絵具片から絵具の積層構造や使用顔料の粒子を観察し、各層に使われた絵具の混色状態と、絵具の塗り重ね手順を調べる方法です。まず、微少な絵具試料片（0.5 〜 0.3 mm 四方）を鑑賞のさまたげにならない箇所からサンプリングし、透明な樹脂に包埋します。次にその断面を平らに研ぎ出し、その断面を光学顕微鏡で観察します。X 線マイクロアナライザー（走査型電子顕微鏡に X 線検出器が付いた装置、通称 EPMA）と呼ばれる機器を用いれば、試料表面の元素の同定に加えて、元素分布がわかり、高い精度で、作品に使用された顔料を推定することができます。EPMA による分析は、大まかな蛍光 X 線検査法

と比較して精度が高く、確かな分析結果を求める調査では有効です。さらに、走査型電子顕微鏡を用いれば、二次電子像（通称 SEM 像）として試料表面を高倍率で立体的に観察することができます。

③までの事前調査によって、作家が制作に用いた絵画技法と材料は、科学的な裏づけを得ておおよそ推定されます。そのなかには、損傷要因となる情報も含まれており、技法材料の調査は次の修復方針立案に役立ちます。例えば、絵具層の下層に油絵具の亜鉛華（ジンクホワイト）が使用されていたりすると、上層の絵具層に亀裂や浮き上がり、さらに剥落の生じる原因となります。亜鉛華が乾性油と化学的に反応して金属石けんを形成するからです。

C. 油彩画の劣化と損傷

油彩画も時間の経過のなかで経年劣化を避けることができません。使用された材料の多くは恒久性がなく、外的な被害を受けなくとも、作品の耐久性は自ずと変化していきます。このような経年劣化のほかに、油彩画はさまざまな損傷を受けます。作家の不適切な技法と材料による損傷、人為的な損傷、自然災害による損傷、さらに、修復による損傷もあります。

①経年劣化

油彩画を構成する各層（図 3.18）の材料は、それぞれの層がそれぞれに初期特性と強度を徐々に失いながら劣化します。

ワニスは黄褐色に変色し、あるいは白濁して透明感を失います。ときに、厚く塗りすぎたワニスは深い亀裂を生じて絵具層にまで亀裂が達する場合もあります。そのような場合はワニスの塗り換えの時期を急ぐべきでしょう。

絵具層も時間の経過のなかで制作当初の柔軟性と透明感、さらに色彩の鮮やかさを失います。温湿度が変化するたびに、絵具層は伸縮をくり返し、亀裂が生じるなどして徐々に劣化します。数百年を経過した作品において亀裂の入らない作品などありえないでしょう。たとえ目視で亀裂が見えなくとも、拡大すると細かな亀裂が無数にあることがわかります。

白色地塗り層や目止め層においても絵具層と同様、劣化は進行し、各層間の固着力が弱まりはじめます。劣化の進行は、置かれた環境、作家の用いた技法と材料によって個々に異なりますが、油彩画を構成する各層の素

材がバランスよく劣化しているならば、安定しており、仮に部分的な損傷が生じたとしても、現状維持を考慮して該当箇所のみを処置すればよく、過剰な修復は禁物です。

②作家が用いた技法と材料による損傷

　作家による技法と材料も、損傷上、無視できない要素です。現代では作家の自由な制作が油彩画本来の特性を尊重することよりも優先されがちで、なかでも揮発性油の使い過ぎによる劣化が目立ちます。この揮発性油のいき過ぎた使用は、10年から30年後、絵具層を粉っぽくさせる白亜化（チョーキング）を引き起こします。油絵具は本来、顔料粒子が乾性油にくるまった状態で丈夫な絵具層を形成します。しかし、そこへ過剰な揮発性油が加わると、顔料にくるまった乾性油は顔料粒子から引き離され、その結果、固化する過程で、顔料粒子間の十分な固着が得られず白亜化するものと考えられています。画材への無理解とつや消しの絵肌を好む日本人の嗜好が背景にあると思われます。

　白色絵具の亜鉛華を原因とする損傷もあります。亜鉛華は油と混ぜ合わせると、剥離原因とされる石けんを生成する性質をもち、亜鉛華を主成分とするジンクホワイトを下層に用いたならば、その上層の絵具はきわめて固着力のない剥落しやすい状況になり、時間の経過とともに上層の絵具は浮き上がりはじめて剥落へと進行します。たとえ固着力に優れた鉛白であっても、ひとたび亜鉛華が加わると、鉛白は亜鉛華がもつ剥離の性質を帯びてしまいます。

　また、ペインティングナイフを用いたことが原因して絵具が剥落するケースもあります。ペインティングナイフはその塗り具合が力強く、多くの作家に好まれている道具ですが、しかし、それだけで描くと、しっかりカンバスに押しつけられて塗られたように見えても、カンバスとの固着は不十分である場合が多く、剥落する作品をよく見かけます。

　さらに、油彩画に紙などを貼り付けたコラージュ作品や、絵具に石や金属など多様な素材を混ぜ合わせて描いた作品もあります。それら多様な素材に対応した適切な保存管理が求められて、保存修復担当者の悩みは尽きません。

③保存環境による劣化

　環境による劣化には、いくつか要因があげられます。日本の高温多湿の気候、冷暖房機から出される空気、外光や照明から受ける紫外線、車から排気される亜硫酸ガス、建材から発生する有毒ガスなどです。さらに、長い間喫煙場所に掛けられた作品ならば、たばこのヤニによって画面は茶色くなります。

　日本の高温多湿の環境は、油彩画にとって好ましい環境とはいえません。特にカビの発生は悩ましい問題です。修復現場に持ち込まれる多くの作品に、カビの痕跡が多々見つかっており、油彩画は見かけ以上にカビが発生しやすい素材であることがわかります。梅雨の時期に1か月も押し入れに入れたままにし、作品の画面全体がかびてしまっていた話をよく聞きます。また、空調機の空気が直接当たる展示場所もよくありません。直接当たるとカンバスは振動するとともに、温湿度の変化によって頻繁に伸縮を繰り返して絵具層は弱っていきます。また、強い外光が頻繁に当たる場所や、紫外線量の多い照明下では、絵具が退色することはいうに及ばずでしょう。

　このほかに、日本で多く見られる損傷に、雨漏りによる冠水被害があります。冠水すると、カンバスが濡れて弛み、目止め層や白色地塗り層は支持体である布地との固着力を失って布地から絵具層もろとも浮き上がり剥落します。当然、冠水状態が長引けばカビも発生します。

④人為的な損傷

　資料は、長い時間の経過のなかで、なにがしかの人為的な損傷を少なからず受けてしまうものです。なかでも作品のとり扱い時の不注意は、意外に多い損傷です。例えば、作品の移動時に床に落とす、物にぶつける、画面に物を倒したりして傷めます。

　また、滅多にあることではありませんが、作品を恨み、作品に嫉妬して、強酸の薬品をかけたり、刃物で切り裂く暴漢もいます。ときには、作家自ら作品を切り裂くこともあります。

⑤自然災害

　地震では、壁にかけられていた作品が落下して破損し、ガラス入りであったならば、ガラスの破片で傷つくことがあります。洪水では、水につかって、前述の冠水同様、絵具層はカンバスから離れてしまいます。離れずと

も汚泥で汚損し、カビが発生します。

　自然災害とはいいがたいのですが、家屋の火災で被災するケースもあります。作品は、火災のすすをかぶり、熱風で絵具層はただれ、焦げつき、火ぶくれを起こします。加えて、消火の際の水の被害も受ければ、熱傷のほかに、冠水による被害が加わります。

⑥修復による損傷

　修復は、作品に直接触れる作業だけに、作品を傷める危険を常にはらんでいます。ひとつ間違えると作品を壊しかねない作業の連続です。起こしやすい過失は、裏打ちの際に、温度のかけ過ぎによって生じる絵肌のつぶれです。ちょっとした油断で裏面からかけるハンドアイロンの温度を誤ったり、ホットテーブル上で温度管理を誤った際に起きる火ぶくれなどがあります。

　また、修復に用いる材料は基本的にオリジナル（原画）の材料よりも弱く、可逆性があり、将来にわたって変色や退色の少ない安定した性質のものを選択します。しかし、事前調査がおろそかであったり、担当する修復者が経験未熟であるなどして、適正を欠いた材料選択によって作品を傷めてしまうことがあります。

D. 修復方法

　近年の修復処置は、許されるかぎり最小限の処置にとどめられています。例えば、絵具層が浮き上がりはじめて、今後もその進行が認められる場合でも、以前なら行っていた抜本的な大修理は極力避けて、作品への無理な介入はせずに、傷んだ箇所のみの処置にとどめるように努められています。

　以下①〜⑨に、損傷した油彩画作品の主な修復処置を紹介します。

①絵具層の浮き上がり接着

　絵具層が支持体から何らかの原因で浮き上がりはじめた場合、そのまま放置すると、その絵具層は剥落へと向かいます。浮き上がりは、接着剤を当箇所に注入し温度調節の効いたヒーター付きのコテで加温加圧することによって、絵具層を支持体に再固定させます。この処置は修復処置として最も初期に行われ、絵具層が固定されることによって、次に続く作業を安全に進めることができます。用いる接着剤は膠や合成樹脂です。接着剤は、すきまへの浸透性がよく、絵具層表面に残留した場合でも容易にとり除け

る必要があります。処置した箇所では接着剤が画面に残留してしまうことがしばしばですが、残留した接着剤をとり除くには、接着剤を溶解する溶剤が用いられます。溶剤が強すぎると、オリジナルの絵具を溶かしてしまうこともあり、強い溶剤を接着剤として選択する際は要注意です。

②画面洗浄

画面洗浄は、一連の修復作業のなかにあって、最も画面の印象を大きく変える重要な作業といえます。まず表面の汚れがとり除かれ、次に変色したワニス、旧修復がある場合は補彩や充填剤の除去と続きます。後年の加筆を除去する場合もあります。

洗浄剤は、各種の溶剤のなかからオリジナルの絵具層に安全なものが選択されます。まず綿棒に溶剤を含ませ、オリジナルの絵具層に負担がかからないようにわずかずつ汚れをとり除いていきます。この作業においては間違いが許されません。慎重な心づかいに基づいた手の動きによって対象物のみをとり除いていきます。しかし、ときには洗浄不可能な作品もあります。オリジナルの絵具層が著しく弱い場合です。そのような場合は、無理に洗浄を行いません。表面に付着しているほこりをはらう程度にとどめます。無理な洗浄はオリジナルの絵具層を傷めてしまうため危険です。例えば、水を含ませた綿棒で洗浄テストをすると、油彩画でありながら、まるで水彩絵具のように絵具が綿棒についてくるほどです。

旧修復作品（過去に一度以上修復された作品）では、旧補彩や旧充填剤をある程度残す場合もあります。損傷箇所にしっかり収まって、交換の必要が認められないほど安定していて、将来的にも安全であり鑑賞上問題がなければ、そのまま再利用することも選択肢のひとつです。

洗浄作業は画面全体を大きく拭くようには行いません。ある適当な区画の面積を定め、溶剤を含ませた綿棒によって適切な洗浄度を探りながら慎重に進めます。**図 3.20** は、長谷川昇作「蝶々」の洗浄途中の記録写真です。暗い箇所が未洗浄で、明るい箇所が洗浄後です。区画ごとに丁寧な洗浄が行われるならば、最終的に洗浄むらのない均一な仕上がりを得ることができます。この写真において、洗浄前と洗浄後の違いは一目瞭然です。

修復作業は、いずれも直接絵肌に触れる作業だけに、作業者には慎重で丁寧な対応が求められますが、そのなかでも洗浄作業は修復担当者にとっ

図 3.20　長谷川昇「蝶々」洗浄途中写真
〔1908 年作　東京藝術大学大学美術館所蔵〕

て深い経験知と良識が求められる作業といえます。

③支持体の変形修正と補強

　ここでは、支持体をカンバスにしぼって説明することにします。カンバスはさまざまな要因で本来の平面性を失いますが、変形が生じた場合の処置として、平らに戻す作業があります。カンバスの変形は支持体である亜麻布と絵具層が硬化している場合が多く、作業は、カンバスの裏側から加湿した後、ハンドアイロンによって加温加圧して変形をとり除きます。変形が強い場合は、カンバスの張りしろに亜麻布を補強し、ストレッチャーと呼ばれる可動式の伸張枠に張り込んで行うと、強い変形も平らに戻すことができます。作業は、ストレッチャーに張り込んだ作品にテンションをかけ、やはり裏面から加湿、加温、加圧して平らに戻します（**図 3.21**）。

　支持体のカンバスが破損して破れている作品では、まず、破損部の布繊維を折り目に合わせて整え、新たに亜麻糸をブリッジし、破損部を接着してつなぎ合わせます（**図 3.22**）。多くの場合、接着剤には膠を用います。破損で生じた絵具の剥落箇所には充填材を詰めて補彩を施すと、鑑賞上、ほぼ以前の状態をとり戻します。大きな破損の場合には、⑥のルースライニングで対応すると、カンバスの動きが緩和されて安定化させることができます。

図 3.21　支持体の変形修正
ストレッチャーと呼ばれる可動式の伸張枠に作品を張り込んでテンションをかけ、裏面から加湿、加温、加圧して支持体を平らに戻します。

図 3.22　支持体破損部の接着
支持体の破れた箇所に亜麻糸をブリッジし、つなぎ合わせます。

④裏打ち

　カンバスの著しい劣化や大きな変形が認められた場合に、裏面に新たな布を貼り付けて補強する方法を「裏打ち」といいます。接着剤にはさまざまなものがあり、作品の状態に合った強さのものを選択します。裏打ちによって、大きな変形も平らに戻すことができ、含侵した接着剤によって浮き上がりかけた絵具層ももとに戻すことができます。接着剤には、膠、澱粉糊、ワックス（調合されたもの）、合成樹脂が用いられています。

　近年では、油彩画の裏打ちは行われなくなりつつあります。使用する接着剤を極力作品に加えないようにとの配慮からです。代わって、裏打ちほどの効果は得られませんが、ストリップライニング（⑤）やルースライニング（⑥）と呼ばれる方法が採用されています。

⑤ストリップライニング

　劣化損傷した作品を、再度木枠に張り込むためには、カンバス張り器が張りしろをつかむのに必要な丈夫な張りしろが必要です。しかし、多くの場合カンバスの張りしろは劣化していたり足りなかったりしてそのまま再張り込みをす

図 3.23　ストリップライニング

3.2　紙資料の修復・修理　151

ることは困難です。そのような場合、弱った張りしろに新たな布を貼り付けて補強すると、四辺が強化され、しっかりと作品を木枠に固定することができます。軽度のカンバスの変形やたるみに対しては、この方法が大変有効です（**図 3.23**）。

⑥ルースライニング

裏打ちでは裏面に新たな布を接着剤で貼り付けることによって、弱ったカンバスを補強しました。しかしルースライニングでは、裏側に布を接着せずに、あらかじめ木枠に張り込んでおいた新規の布の上に、作品を重ねるように、あるいは穏やかにのせるように、二重張りする方法でオリジナルのカンバスを補強します。つまり、接着剤を使わず、また余計なテンションをかけずに木枠に張り込むことが可能で、張られた作品は丈夫な下敷きの布に支えられて、継続的に安定した状態を保たせることができます。支える布地は、温湿度の変化を受けにくいポリエステル布が主に使われています（**図 3.24**）。しかし、裏面に貴重な書き込みなどがある場合には、織り糸数の少ない、薄手の布を使用して、補強とともに裏書きの文字も透けて見えるようにします。

⑦絵具の剥落箇所への充填整形

絵具が剥落した箇所は、絵具層と同じ厚みに合わせて充填剤を詰める必要があります。詰めた充填剤は周辺のオリジナルの絵肌に似せてその表面

図 3.24　ルースライニング
木枠にポリエステル布を張り込んだ状態。この上に作品を重ねて張り込む。

を整形します。充填剤は、整形が容易で簡単にとり除くことができるものでなければならず、オリジナルの絵具層よりも強い材質であってはなりません。充填剤の種類には、水溶性の炭酸カルシウム（胡粉や白亜）や硫酸カルシウム（天然石膏）に膠や合成樹脂を混ぜ合わせたもの、あるいは、炭酸カルシウム（胡粉や白亜）にワックスを混ぜ合わせたものがあります。しかし作品の状態によっては、既存のものよりもその状態に合わせたよりよい充填剤を必要とする作品もあり、そのような場合には充填剤の条件を満たすなかで、新たに充填剤を調合したりします。

⑧補彩

　油彩画に対して、油絵具による補彩は厳禁です。油絵具はオリジナルと同質であり可逆性が乏しいためです。補彩処置は原則として、損傷部の絵具層のみに行い、オリジナルの絵具層には行いません。補彩絵具は、可逆性があり、さらに将来にわたって、変色や退色の少ない安定した材料であることが望まれます。通常、水彩絵具や修復用の溶剤型アクリル絵具が使われています。

⑨保護ワニス

　ワニスは作品を美しく見せると同時に、紫外線や、空気中の汚染ガスから作品を守り、絵具層表面にワニスがあることによって作品はよい状態を長く保ち続けます。しかし、作品の状態によってワニスがけを避ける作品もあります。あまりにも絵具層が脆弱であったり、制作当初から光沢を望まない作品です。そのような場合には、無理にワニスがけを行わず、極力有害な環境から避けるか、小品ならば、紫外線カット透明アクリル板を入れた額装で対応する以外にないでしょう。

　ワニスで問題になるのが交換時期です。劣化したワニスは茶褐色に変色し、白濁したりします。おおよその交換時期は、50年から100年くらいが目安です。

　補彩を終えた作品は、最終的に透明な保護ワニスをかけます。それまで不透明だった画面は、一気に油彩画本来の透明感のある深い色調をとり戻し生気がよみがえります。

　通常よく使われるワニスは、天然のダンマルワニス、マスチックワニスであり、合成樹脂ではアクリル系のワニスがあります。

〈参考文献〉(3.2.1、3.2.2 項)
1) 国文学研究資料館史料館 編：『アーカイブズの科学　下』、柏書房、p.298（2003）
2) 紙資料保存マニュアル編集ワーキング・グループ 編：『防ぐ技術・治す技術　紙資料保存マニュアル』、日本図書館協会（2005）
3) 大林賢太郎：『装潢文化財の保存修理　東洋絵画・書跡修理の現在』、国宝修理装潢師連盟（2015）
4) 齋藤努 監修：『必携考古資料の自然科学調査法』、ニュー・サイエンス社（2010）
5) 京都造形芸術大学 編：『文化財のための保存科学入門』、角川学芸出版、p.60（2002）
6) 宍倉佐敏 編著：『必携　古典籍 古文書料紙事典』、八木書店（2011）
7) 園田直子 編：『紙と本の保存科学　第2版』、岩田書院（2010）
8) 東京藝術大学大学院美術研究科文化財保存学日本画研究室 編：『図解 日本画の伝統と継承 素材・模写・修復』、東京美術（2002）
9) 九州国立博物館 編：『よみがえる国宝―守り伝える日本の美』展覧会カタログ、九州国立博物館（2011）
10) 東京藝術大学大学院文化財保存学日本画研究 編：『図解 日本画用語辞典』、東京美術（2007）

〈参考 Web サイト〉(3.2.1、3.2.2 項)
American Insitute of Conservation Book and Paper Group Wiki
https://www.conservation-wiki.com/wiki/Book_and_Paper_Group_Wiki

〈参考文献〉(3.2.3 項)
1) ホルベイン工業技術部 編：『絵具の科学』、中央公論美術出版（1990）
2) チェザーレ・ブランディ（小佐野重利 監訳、池上英洋・大竹秀実 訳）：『修復の理論』、三元社（2005）
3) アレッサンドロ・コンティ（岡田温司、喜多村明里、水野千依、金井直、松原知生 訳）：『修復の鑑：交差する美学と歴史と思想』、ありな書房（2002）

3.3 資料の梱包と輸送

　日本では年間数百種類の特別展が開催され、それに伴ってたくさんの資料が毎日、国内の博物館や美術館はもとより、遠く海外の博物館との間を移動しています。美術品や考古遺物は世の中にひとつしか存在しないために、ほかの作品では代替がきかないものです。こうした資料の輸送では、事故は絶対に許されません。資料には、同じものは基本的に存在しないので、寸法や重量はすべて異なります。そのうえ、制作された年代や場所が異なるため、材質や制作方法もそれに伴って変わります。また、これまで保存されてきた環境の履歴が一点一点異なるために、傷み方がまちまちです。このように、あらゆる点で規格をもたない美術品の輸送は、それぞれの特殊性に配慮しながら一点ずつ個別に行うことになります。

3.3.1 資料の梱包方法

A. 環境と慣らし

　美術品などは、多くの場合、移動先でももとの場所の湿度環境を尊重することが求められます。例えば、相対湿度が70％を超える高湿度の環境で保管されてきたものは、移動先でもできるだけ高い相対湿度環境が求められます。急激な湿度の低下は作品を構成する素材に含まれる水分の放出につながり、その結果作品に亀裂、反りやゆがみが生じることになるからです。ただし、移動先において70％を超える湿度の維持が困難な場合、慣らし（2.1節参照）によって時間をかけて作品を環境に馴化させなければなりません。

　水分を吸収したり、放出したりしやすい素材は、ある特定の環境下で保管・展示される期間が長期に及ぶと、その場所の環境に順応して環境と平衡状態になります。つまり、まわりの環境の相対湿度にふさわしい水分を素材自体が保持することになるのです。もし、まわりの相対湿度に大きな変化が生じると、それによって素材が含む水分量も変動し、素材の膨張や

収縮を招くことになります。その結果、ときには亀裂やもとに戻らない変形を生じることがあります。輸送にあたっては、環境の履歴が作品の保存に強い影響を及ぼすものであることを覚えておくことが大切です。

したがって、作品を梱包するときには、作品とともにそのまわりの環境もいっしょに梱包するつもりで考えることが必要です。作品が順応した環境をそのまま運ぶような梱包です。そのために、梱包作業に先立って梱包材料を作品のある場所に運び込み、梱包材料も作品と同様の環境に馴染ませておくなどの配慮が必要な場合もあります。

B. 養生と梱包

移動中の微動で作品表面が擦れたり傷んだりしないように表面を紙などで包んで保護することを「養生」といいます。養生を済ませた作品を木枠などに固定し、箱に納めることを「梱包」といいます。こうした作業に使用する材料は、カビや虫などが付着することがないように、保管場所について十分に管理しなければなりません。

基本用語 養生

作品の表面が擦れたり、彩色が剥落したりしないように保護すること。また頭や腕など立体物の凹凸を振動や衝撃から保護するために、薄葉紙、ポリエチレン製のスポンジ、木綿布、真綿などで覆うことをいう。

基本用語 梱包

養生を終えた作品を外装と呼ばれる段ボール箱に収納したり、外装の段ボール箱をさらにクレートと呼ばれる木製の箱に納めたりして、振動衝撃や温湿度変化などの環境変化から作品を保護できる状態にすることをいう。

養生に使用するシート状の材料にはさまざまな物がありますが（**図3.25**）、作品に直接接触させる材料は白薄葉紙と呼ばれる中性の和紙で、通常梱包には二重にして使用します。大きな作品の梱包には巻白薄葉紙を用います。綿100％のさらし木綿は幅が広いため、彫刻などの大型の作品を固定しやすい材料です。締まり具合の調節がしやすく、緩みにくいという利点があります。巻クラフト紙は強度がある紙で、薄葉紙で梱包した上に使用します。巻防水紙は防水の必要な作品を梱包するときに使用します。エアーキャップシートは気泡緩衝材の一種で凸状の部分に空気が封入されているため、緩衝材として効果が高く、防水性も高い材料です。使用の際

図 3.25　真綿、ウレタンフォーム、薄葉紙など実際に使用した梱包材料

図 3.26　L字型に固定した坐像

には凸面を内側にしますが、凸状の形がつぶれるとクッション性が落ちるので注意が必要です。また、静電気が起きやすい点にも注意します。

　仏像のうち、立像などの不安定な作品を搬送する場合には、急病人を搬送する担架に似た木材の枠組担架に仏像を固定します。坐像の場合はL字型の枠組みに、坐像の肩などの丈夫な部分を固定します。坐像は受け箱に入れて固定したうえで、受け箱とともにL字型に固定されます（**図 3.26**）。

　仏像の輸送

　仏像などの彫刻は、弱い部分や突起した箇所を薄くてやわらかい特殊な紙や綿などを用いて形に沿って覆いながら養生し、その上から木綿布で包みます。養生を必要とする場所を的確に処置できるかどうか

図　担架に固定した立像

が重要なポイントです。養生を終えると、立ち姿の立像は担架に横たえさせ、背中の2か所を支え固定します（**図**）。坐像の場合はL字型の枠組みに固定されます。しかし、それぞれの状態により事情は異なるため、必ずしも規則性はありません。担架やL字型の枠組みに固定された仏像は、振動や衝撃、あるいは激しい温湿度変化から守られるために、クッション、断熱材を張った梱包ケースに収納され、密封されます。こうして、梱包が完了すると、トラック、航空機、ときには船舶などの輸送手段を用いて目的地に向かいます。梱包ケースをとり囲む環境は輸送中に大きく変化しやすいので、温湿度変化や振動衝撃からケース内の資料を守るために、特殊な装置を用意して輸送が行われるのです。

　緩衝材は輸送中に作品に伝わる振動や衝撃をできるだけ小さくするために、作品のまわりや梱包箱の底などに設置される材料です。綿100％の真綿は適度な復元力があり、二重の薄葉紙で包んでつくる綿布団に使用されます。綿布団は作品全体を包むためや、梱包ケース内の空間を埋めるために用いられます。ただし、真綿には吸湿性があるので、湿った場所に長く置くと綿自体が水分をもって湿気ることがあるので注意しなければなりません。ナイロン綿は復元力が強すぎるため、梱包用緩衝材には適しません。合成材料では合成樹脂を発泡させてクッション性を高めた材料が使用されます。ウレタンフォームはやわらかく復元力が弱いのに対して、ポリエチレンフォームは硬く復元力が強いという特徴があります。使用する場所に

よってやわらかさを選択して使用します。また、これらの発泡材料は非吸湿性で、かつ熱伝導率が低いので、梱包ケースの内装に適しています。

　梱包ケース内の湿度を調節するために、調湿剤を作品とともに設置します。調湿剤はまわりの相対湿度の変化によって水分を吸収したり、あるいは放出したりすることによって、相対湿度を一定に維持しようとするはたらきがあります。調湿剤にはゼオライト系とシリカゲル系があります。それぞれの製品ごとに 1 m³ あたりの標準的な使用量が示されているので、基本的には表示に従います。設定する湿度は基本的には作品が保管されてきた環境と同様の値が望ましいですが、相対湿度が極端に高い環境に保管されてきた作品に関しては、慣らしの内容と合わせて、収納する調湿剤の値を決定します。調湿剤の設置の仕方は、温度変化の大きさによって基本的に 2 通りの方法があります。ひとつは国内輸送のように温度があまり変化しない場合で、その場合には作品と調湿剤が隣接しても差し支えありません。つまり、梱包ケース内で薄葉紙などで包まれた作品と調湿剤が隣り合って設置されても問題ありません。しかし、もう一方の数時間に 10℃ をはるかに超える極端な温度変化が生じることが想定される場合、つまり航空機を使用する海外向け輸送では、作品のすぐそばに調湿剤を設置するとかえって作品に害が及ぶ可能性があるので、その場合には作品を単独で密封し、調湿剤は密封した環境の外側に設置しなければなりません。温度変化の大きさによって調湿剤の設置の仕方が異なるのは、梱包ケース内は多くの梱包材で埋められていて、空気の量が極端に少ないことによります。

　作品を薄葉紙や綿布団などで包んだり、木枠に固定したりして内装を終えた作品は、外装と呼ばれる箱に入れます（図 3.27）。国内輸送の場合の外装には、板段と呼ばれる段ボールのシート状のものが使用されます。通常は、2 層の波型の芯を 3 枚のライナーではさんだバイウォールと呼ばれる段ボールが使用されます。3 層の波型の芯を 4 枚のライナーではさんだトライウォールと呼ばれる段ボールは、重量物の国内輸送用として使用されます。国外輸送の際には、クレートと呼ばれる合板を用いた梱包箱を用意し、二重箱にします。木箱は合板と板を使用して製作します。木箱には、身と蓋とのあいだにゴムパッキンを用いて密閉性を高め（図 3.28）、バリヤメタルというアルミを蒸着したシートを身と蓋の内側に使用して防湿性

3.3　資料の梱包と輸送　**159**

図 3.27 内装を終えて段ボールの外装に収納

図 3.28 身と蓋のあいだに密封用のゴムパッキンが装着されている

を高めます。海外輸送の場合は検疫の関係から、生木は燻蒸を行ったものしか使用することができませんが、ベニヤやランバーコアなどの合板は製造段階で熱処理されているため、そのまま使用できます。

3.3.2 資料の輸送方法

A. 輸送手段による特徴

輸送手段としては鉄道輸送、トラック輸送、航空機輸送、そして船舶輸送が考えられます。このなかで、船舶輸送は時間を要することと環境コントロールの難しさから、近年ほとんど利用されていません。また、鉄道による移動も手持ちによる小規模なものを除くとほとんど例がありません。したがって現在最も利用されているのはトラック輸送と航空機輸送ということになります。

トラック輸送は国内での輸送に、航空機輸送は主に海外への輸送に用いられます。博物館内で梱包が完了すると、梱包ケースを台車と呼ばれる館内移動用の台に載せてトラックヤードに移動し、そこで人力ないしはフォークリフトなどの機材を用いてトラックに積み込みます（**図 3.29**）。そこから目的の博物館まで輸送し、到着後は逆の手順で梱包ケースから資料をとり出します。

図 3.29 フォークリフトを用いた荷扱い

図3.30 ドリーで移動するパレット

図3.31 ハイリフトローダーによるパレットの積み込み

　輸送先が海外の場合には博物館から飛行場の上屋と呼ばれる貨物専用の場所まで運び、そこで荷降ろしを行います。上屋では飛行機に積み込む準備として梱包ケースをパレットに固定します。梱包ケースを載せたパレットは、ドリーと呼ばれる空港内専用の輸送機材によって飛行機のすぐ近くまで移動します（図3.30）。そこからハイリフトローダーと呼ばれるベルトコンベアのような装置によって機体の貨物室内部に収納します（図3.31）。目的地に到着すると逆の手順でトラックに載せ、博物館まで運び込みます。

　移動中の資料は、梱包ケース内に伝わる振動衝撃と温湿度変化に強く影響され、破損やカビなどの発生が生じる場合があります。それぞれの輸送手段について振動衝撃に関する特徴をあげると次のようになります。博物館内を台車で移動する際は、移動する廊下の表面状態によってケースに伝わる振動衝撃の大きさが異なります。美術品専用のトラックにはエアーサスペンションが装着され、走行中の路面状態の影響を小さくするため除振動を積極的に行うようになっています。航空機の場合は、空港内を移動するときに用いるドリーによる振動衝撃の影響がきわめて大きいことがわかっています（図3.32）。一方、航空機から直接受ける振動衝撃は、離着陸時あるいは巡航飛行時も含めきわめて小さいです。トラックヤード、上屋、飛行場において行われる荷積みや荷降ろしなどの荷扱い時は、大きな振動衝撃が発生しやすいタイミングです。人力やフォークリフトで持ち上げて降ろすときの衝撃が問題となります。丁寧な扱いが問題解決の唯一の手段です。こうした計測は振動衝撃用の計測装置で記録されます（図3.33）。

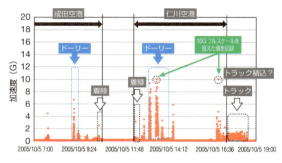

図 3.32 ドリーによる振動衝撃の大きさを示すグラフ
加速度が 10 G を超えるタイミング（丸で囲んだ部分）がある。

図 3.33 振動衝撃、温湿度を計測する環境モニター

　温湿度変化に関するそれぞれの特徴は以下のようになります。温湿度調整装置を装着したトラックの場合には変化を気にすることはありませんが、仮に装置がない場合でも美術梱包によって荷作りされた梱包ケース内の温湿度変化は緩やかであり、作品の保存上で問題になることはあまりありません。しかし航空機輸送の際には注意が必要です。地上から上昇する際に生じる急激な温度低下、逆に下降する際の急激な温度上昇に対応できるように梱包しなければなりません（**図 3.34**）。急激な温度変化に対応す

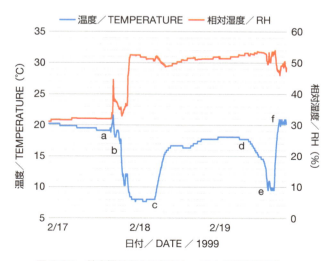

図 3.34 航空機輸送中の梱包ケース内の温湿度変化
（a）博物館出発、（b）空港到着、（c）離陸、（d）着陸、（e）空港出発、（f）博物館到着

るためには、梱包ケースの断熱性を高めることが必要です。それと同時に、短時間で生じる急激な温度変化に対応した相対湿度管理が可能なように、密封梱包が必要です。

B. 輸送の留意点

　荷台には、梱包箱をしっかりと固定できるように、強化ナイロン製スリングを引っかけられる装備が必要です。そして、荷台への出入り口はしっかりと施錠できるようにしておかなければなりません。荷台は安定した環境と高い保安性、事故などに対する安全性が求められるため、運転席と仕切られていなければなりません。トラックの運転は専用の運転手が行い、助手席には荷扱いを行える要員が必ず1人以上同伴します。

　館内では、梱包を行った場所から積み込むトラックヤードまで、梱包箱の移動がスムーズに行えるように通路の安全を確認し、必要な箇所には段差や凹凸をなくすために、鉄板やベニヤ板を敷いて平滑にします。移動経路は、梱包箱を安全に搬送できる十分な高さが確保される導線を選びます。館内移動の際には、梱包箱を台車に載せたり降ろしたりするとき、あるいは梱包箱を手持ちで運んだりするときに、比較的大きな衝撃が加わりやすいので、梱包箱に対して慎重な上げ下げが必要です。

　台車で作品を運ぶ際は、一度に多くの荷物を運ぼうと高積みすると、荷崩れが発生する危険があるため高積みは避けるべきです。台車は少しの凹凸で急停止することもあるため、床面の状況を常に把握しておく必要があります。段差があれば、荷物に衝撃が伝わらないように、ゆっくり進んだり車輪を持ち上げたりなどの配慮が必要です。絵画のように安定性が悪い荷物を運ぶ際は、転倒防止のため、必ず保持する人を配置します。

　荷台への梱包箱の設置は、作品によっては特別の配慮が必要なので、その点を守りながら荷台の中で箱が動かないように固定します。例えば、担架木枠に固定された立像の場合は足先が進行方向を向くように固定し、L字型木枠に固定された坐像は背中が進行方向を向くように固定します。屏風はオゼと呼ばれる蝶番のほうが床面になるように、横長の方向に立てて固定するのが原則です。

3.3　資料の梱包と輸送　**163**

3.3.3 梱包と輸送の実際

1999年に行ったウジェーヌ・ドラクロワ作「民衆を導く自由の女神」の輸送に基づきながら、作品の養生、梱包、輸送、取扱いなどについて具体的に説明しましょう。

実例 「民衆を導く自由の女神」の輸送

「民衆を導く自由の女神」は、画面寸法が縦2.6m、横3.3m、重量は額縁を含めて約200kgの大型絵画であるために、その輸送と展示にさまざまな創意と工夫、そして国際的な協力が必要でした。輸送および展示の日程は、パリから東京への往路が1999年2月17日から2月19日、展示期間が2月26日から3月28日、東京からパリへの復路が1999年3月30日から4月2日でした。

A. 作品の養生

輸送前の作品は、画面寸法よりやや大きいオリジナルの額に入れられていました。作品を額の大きさに合わせるために、彩色を施した幅数cmの板（baguettesと呼ばれています）を上下にはめ込み、隙間を埋めるような処置が施されていました。今回の輸送では、オリジナルの額の損傷を避けるため、同時に額縁の重量を軽減するために、木製の軽量な額縁ととり替えられました。その際に上下にはめ込まれた板がとり除かれたため、大きさは従来と比べやや小型になっています。輸送中の振動によるカンバスの揺れを防止するため、カンバスを裏側から軽く支える処置が来日前に施されました。カンバスを張り込んだ格子状の木枠の間を埋めるように、木枠の厚さと同じポリエチレンフォームをはめ込んで固定します。その上から裏面を保護するために、透明なポリカーボネイトの板がかぶせられました。

B. 航空機材

「民衆を導く自由の女神」は、過去に2回ほどフランス国外に輸送された経験があります。1回目は木枠から外したカンバスを筒状に巻いて輸送、2回目は木枠に張ったままの状態でそれぞれ輸送されてい

ます。1999 年の輸送では、作品の軽量化とオリジナルの額縁を保護するために、現状の額縁を幅 10 cm の仮額ととり替え、絵画を垂直に立てた状態で運ぶことになりました。一般的に、進行方向の加速度の変化がカンバスに伝わりにくいことから、油彩画作品は進行方向に対して横向きに立てた状態で運ぶのが最も安全であると考えられています。しかしながら今回の場合、その実施にはいくつかの特殊な条件が必要となりました。第 1 点として、大型の梱包ケースを輸送するためには、旅客機ではなく軍用機あるいは大型の特殊貨物専用機の使用を考えなければならないこと、第 2 点として貨物機を使用する場合、貨物室内の大気圧および温度は調節が不可能であり、したがってそれらは飛行中に著しく低下してしまうことから、1 気圧を確保できる気密性をもった耐圧容器の使用、温度を確保するための加熱保温装置の使用などを考えなければならないことです。こうした条件をそろえた輸送機は AIRBUS 社の A300-600ST（通称 Beruga）に決定されました。大型の貨物室をもつ Beruga は、飛行機やロケット部品など大型の特殊装置を運搬するための貨物専用機です。梱包ケースを垂直に立てたまま耐圧容器に収納し、それをさらに加熱保温コンテナに収納した超大型の輸送用容器を空輸するためには最も適した航空機でした。

C. 輸送用ケース

　油彩画は振動や衝撃ならびに温湿度の変化に強く影響され、影響の程度によってはカンバスの揺れや伸縮、絵具層の剥離・剥落などの物理的変化を生じることがあります。1999 年の輸送ではこのような環境変化が特に大きくなることが明らかであったので、木製の梱包ケース、耐圧容器、加熱保温コンテナの 3 種類のケースが用意され、作品の保護に努められました。絵画を直接収納する梱包ケースは、合板を用いて製作されました。内部にはポリエチレンフォームの断熱材を 2 枚、その内側にポリエチレンフォームのクッション材を二重に重ねています。陸上輸送の利便性を考えて、ケースの大きさは極力抑えられました。額縁を含めた作品全体が含有する水分をシート内に閉じ込めるために、作品を収納する前に全体をポリエチレンシートで包みま

図　耐圧容器に収納された木製梱包ケース
（参考文献1より転載）

した。ポリエチレンシートが画面に接触しないように、あらかじめ作品の縦横に数本の平たいひもを渡し、シートのたるみによる画面への接触を防ぎました。このとき、シート内には調湿剤は一切収納していません。画面を上にして、シートで包んだ作品を梱包ケースに収納し、段ボール板をかぶせた上に2枚のポリエチレンフォームの断熱材を重ね、ケースの蓋が閉じられました。ケース内にも調湿剤は収納されませんでした。

　木製梱包ケースに収納された作品はそのまま空港まで陸上輸送され、空港にて専用の耐圧容器および加熱保温コンテナに収納されることになりました（**図**）。耐圧容器は円筒形の鉄製容器で、扉およびその反対側の部分は球形状に外側に膨らんでいます。耐圧容器は、梱包ケースの周辺の気圧を1気圧程度に保つ目的で製作されています。円形の開閉扉が接触する耐圧容器本体部分には、真空容器に用いられるオーリングが使用され、扉を閉めた後は数十本のボルトナットで全体を均一に締めて、気密性を作り出します。容器内外の圧力差が安全な範囲を超えた場合には、空気が流入出して容器の破損を防ぐように安全弁が作動します。この容器の中心部に梱包ケースはロープで固定されました。

　耐圧容器に収納された梱包ケースは、さらに加熱保温コンテナに収納されました。Berugaの貨物室は気圧、気温ともに外気とほぼ同じ状態になるため、高度1万m付近では貨物室は氷点下になり、そのままでは絵画が氷結してしまうことになります。そこで耐圧容器を加

熱保温コンテナに収納して、コンテナ内に加温空気を送りながら温度低下を防ぐことになりました。コンテナはジュラルミン製の容器内の内側に発砲ウレタンが吹きつけられた断熱容器で、壁面の1つには床付近に2つの穴が開けられ、貨物室内に設置された専用のヒーターによって暖められた空気がその穴を通じて循環するしくみになっています。

D. トラック

　陸上輸送の際に、梱包ケースを垂直に立てたまま運ぶことは2つの面から困難でした。ひとつは、日本の道路交通法の高さ規制が、梱包ケースの高さに対してぎりぎりであったこと、もうひとつは、温度コントロールが可能な貨物室およびエアーサスペンションを備えたトレーラーには、十分な高さの車両がないことです。車両については日本とフランスの事情が似ていたため、トラックでの陸上輸送では梱包ケースを斜めに傾けて積載することになりました。

　陸上輸送に関しては、温度コントロールができる貨物室およびエアーサスペンションを備えた低床大型トレーラーを用いました。フランス側では梱包ケースを斜めに固定する架台に載せてトラックに積載し、日本側では傾斜架台は使用せず、トラックの貨物室内に梱包ケースを斜めに積載し固定しました。

〈参考文献〉
1) 神庭信幸：大型絵画の輸送と展示 - ウジェーヌ・ドラクロワ作『民衆を導く自由の女神』、MUSEUM、**569**、5-32（2000）

2) 水口眞一 監修：『輸送・工業包装の技術』、フジ・テクノシステム、pp.1110-1118（2002）

3) Nobuyuki Kamba, Hiroshi Wada, Masahiko Tsukada,Yoshihiro Takagi and Ken Imakita：Measurement and Analysis of Global Transport Environment of Packing Cases for Cultural Properties, IIC London Conference 2008, Conservation and Access, 15-19 September, 2008

4) 神庭信幸、和田浩、星野裕昭、高木雅広：CAE シミュレーション解析による緩衝機材の特性評価事例、第 48 回全日本包装技術研究大会、京都、2010 年 12 月 7 日

5) 神庭信幸：『博物館資料の臨床保存学』、pp.116-126、武蔵野美術大学出版局（2014）

6) 日本博物館協会 編：『［第 2 次改訂版］博物館資料取扱いガイドブック　文化財、美術品等梱包・輸送の手引き、pp.221-218、ぎょうせい（2023）

第 4 章

ひろがる博物館の役割

ブレス・ブルギニョン・エコミュゼ

地域資源の保存
エコミュージアム
コアとサテライト
自然環境の保護

4.1 地域資源の保存と活用

　これまで皆さんは本書において、貴重な博物館資料の保存・活用を進めるにあたって気をつけなければならない科学的な事柄の基礎を学んできました。しかし、これらの知識は基本的に博物館という「建物」の中を前提にしています。またもう少し範囲を広げて「野外博物館」という屋外に資料を集めた博物館を見ても、ある程度範囲を区切られた空間の中を前提にしています。

　ここではさらに広い空間、すなわち私たちの住む地域と地球規模での保存・活用について考えてみることにします。いま、地球の環境は私たち人間が活動することで破壊が進んでいることはいうまでもありません。環境を守るために、私たち、そして博物館は何ができるのでしょうか。

4.1.1 地域資源の破壊

　博物館資料の破壊の多くは1960年代以降の、日本の高度経済成長期に起きています。日本が経済成長をしていくためにはせまい国土を開発していかなければいけなかったので、特に埋蔵文化財のような貴重な地域の資源が、数多く破壊されることになりました。また文化財保護の歴史では、重要なトピックとして法隆寺金堂壁画や鹿苑寺金閣の焼失という事件があります。

　ではどれほど破壊されたのでしょうか。私たちの身のまわりにはこのような貴重な文化的価値をもつ資源がたくさんありますが、ここでは特に埋蔵文化財についてみてみましょう。

基本用語 　埋蔵文化財

埋蔵文化財は考古学という学問の言葉でいえば、「遺跡」と呼ばれます。行政上、そして文化財保護法上は埋蔵文化財と呼ばれています。これは有形文化財や無形文化財、記念物、民俗文化財、文化的景観、伝統的建造物群といった文化財のカテゴリー上の表現ではなく、文化財が埋まっている（水中にある遺跡も含み、一見してわからない）という「状態」を表した言葉です。

170　第4章　ひろがる博物館の役割

現在、文化庁で把握している埋蔵文化財の数は約46万か所程度とされています。しかし、46万か所のうち実際に残されているのは数パーセントに過ぎないといわれ、つまり日本全国では1万か所程度の遺跡しか残っていないのです。

　また、高度経済成長期には地下にある埋蔵文化財だけではなく、町並みや景観といった、地上にある貴重な文化的価値をもった文化財も破壊されていきました。これらは自然環境とは別の、人間がかかわってつくられてきた環境として、歴史的環境とも呼ばれます。

`4.1.2` 地域資源の保存と活用の両立

　博物館資料の「保存・活用」とはいつごろからいわれてきたのでしょう。それが「保護」という言葉になるわけですが、そのことについてもう少し考えてみましょう。

　日本が戦争に負けた1945年より以前の文化財にかかわる法律の名前を見てみると、「古社寺保存法」や「国宝保存法」「史蹟名勝天然紀念物保存法」「重要美術品等ノ保存ニ関スル法律」など、すべて「保存」という言葉が使われています。しかし、1950年の文化財保護法から「保護」という言葉が使われるようになります。つまり「保存」から「保護」という言葉に戦後変えられているのですが、実はここで、考え方の変化があるのです。一般に戦後から「保存し、活用すること」という意味の保護という考えがとり入れられるようになりました。戦前に活用の考え方がなかったわけではありませんが、「文化財」という用語が新たに法律のなかにとり入れられ、日本が戦争に負けて民主的な国家として再出発していく際に、国民共有の財産という考え方が強く打ち出され、文化財を保存していくとともに、それを国民のために活用していくという、積極的な活用が考えられるようになったのです。

　しかし、このことは大変な問題をはらんでいました。それは「保存」と「活用」は矛盾する、ということです。貴重な文化財を少しでも長く後世に残すためには人間は触れない、というのが最良の方法です。しかし、活用するということは人間が触れる行為そのものです。収蔵庫からとり出し

4.1　地域資源の保存と活用　**171**

（この行為も人間が触れているということになります）、展示ケースに入れ、鑑賞に足りうる光のもとにさらす、というのは文化財の劣化を早めていっている行為そのものでもあります。

しかし、光・温度・湿度を管理できる収蔵庫にずっと入れっぱなしで、公開もしないということが国民に納得してもらえるでしょうか。文化財を保存するということは私たち国民の税金によって行われている以上、やはり活用と保存を両立させる必要があります。

そこで本章では地域における博物館資料の「保存と活用（＝保護）」をはかるためのひとつの方法として「エコミュージアム」と呼ばれる新しい博物館活動について紹介したいと思います。

4.1.3 エコミュージアムとは

一般に日本では「エコミュージアム」と呼ばれますが、発祥の地フランスから日本にとり入れられた歴史を考えると、本来はフランス語で「エコミュゼ」と呼ぶほうが正しいでしょう。このエコミュゼという言葉の「エコ」という部分を見て「エコロジー」と関係があるのでは？とピンと感じられるかもしれません。それはよい直感です。この用語はフランス語で自然環境を表すエコロジー écologie と博物館を表す musée とを合わせてつくった造語で、「エコ」という言葉はエコロジーやエコノミーの語源としての「家」を意味する「オイコス」というギリシャ語に由来しているとされています。ただし、本書では以下「エコミュージアム」の呼び方で統一します。

エコミュージアムは 1971 年の ICOM（国際博物館会議，International Council of Museums）の第 9 回大会で提唱され、ジョルジュ・アンリ・リヴィエールによって定義づけされました。リヴィエールはエコミュージアムのことを「地域社会の人々の生活と、そこの自然環境、社会環境の発達過程を史的に探求し、自然遺産および文化遺産を現地において保存し、育成し、展示することを通して、当該地域社会の発展に寄与することを目的とする博物館である」と述べたとされています。日本では鶴田総一郎が 1974 年の ICOM 第 10 回大会の紹介記事のなかで「環境博物館」として紹介して

いる例が公的には初めてとなりますが、この記事はあまり日本に大きな影響を及ぼしませんでした。バブル崩壊後の1980年代後半以降から1990年代にかけて、各地の町おこしでエコミュージアムが注目さるようになり、現在につながってきます。日本への本格的な紹介は新井重三らによって行われ、新井は「生活・環境博物館」という訳語を与えています。

しかしエコミュージアムとは一体何なのでしょうか。リヴィエールによるエコミュージアムの定義も、また**資料**（次ページ）の「エコミュゼの発展的定義」もあまりに抽象的でピンときませんが、一般的には次のように考えられています。

> エコミュージアムはその地域の住民の参加を原則として、その地域の中でコアと呼ぶ中核施設とその地域のさまざまな遺産（文化遺産や自然遺産、産業遺産など）を展示するサテライト（アンテナとも呼ぶ）を設け、それらを発見の小道（ディスカバリートレイル）でつなぎ、地域の来訪者が地域社会を深く理解することができるよう組織された運動体である。

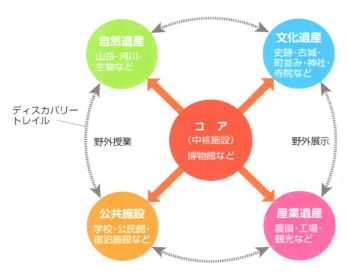

図4.1　エコミュージアム概念図
〔丹青研究所編：『ECOMUSEUM』、丹青研究所（1993）をもとに作成〕

4.1　地域資源の保存と活用

このような考えを図示したものが**図4.1**です。コアの博物館が中心に存在し、その周辺にサテライトが点在する、という日本におけるエコミュージアムという考え方を最もわかりやすいかたちで示したもので、最も定着したかたちといえます。しかし、エコミュージアムの発祥の地であるフランスにおいてはコア－サテライトといったヒエラルヒーの関係（上下関係）にはなく、各機関が対等な関係で運営されている例が登場してきていて（後述）、必ずしもコアやサテライトいった関係の機関を置かなければならない、というわけではありません。

　形態がどうであれ、地域資源を守り、それを活用しながら地域の発展を進めていく運動がエコミュージアムです。そしてエコミュージアムは常に変化していくものと考えられており、これといった決まったかたちで常にあるというわけではないのです。

資料　G.H.リヴィエール「エコミュゼの発展的定義」

　エコミュゼは、行政当局と住民がともに構想し、つくり上げ、活用する手段である。行政当局は、専門家とともに、便宜を図り、財源を提供する。住民は、各自の興味にしたがって、自分たちの知識やとりくみ能力を提供する。

　それは、こうした住民が自らを認識するために見つめ合う鏡。そこで住民は、自分たちが繋ぎとめられている地域の説明を、また、世代の連続性や非連続性を通して、前世代の住民の説明に結びつく説明をしようと努める。それはこうした住民が、自分たちをよりよく知ってもらうために、自らの仕事やふるまい、内面性に誇りをもって来訪者に差し出す鏡である。

　それは人と自然の表現。そこで人は自然的環境界のうちに解釈される。そして自然は、伝統的社会と産業社会が自分たちのもつイメージに自然を適合させたように、その原初状態において解釈される。

　それは時間の表現。説明は人が出現した時代の手前にまでさかのぼり、人が生きた先史時代・歴史的時代を通して広がり、人が生きている時代に至る。きたるべき時代に開かれ、それでいてエコミュゼは決定機関気どりをすることなく、現行のように情報伝達や批評的分析の役割を担う。

　それは空間の解釈。そこは、歩みを止めたり、散策したくなるような特権的空間である。

　それは研究所。エコミュゼが外部の研究機関とも協力して、住民とその

環境界の歴史的・同世代的研究に貢献し、この分野における専門家の養成を奨励する限りにおいて。

　それは保存機関。エコミュゼがその住民の自然遺産・文化遺産の保存と活用を援助する限りにおいて。

　それは学校。エコミュゼがその住民を研究・保存活動に参加させたり、住民に自らの未来の諸問題をよりよく把握するように促せる限りにおいて。

　この研究所、この保存機関、この学校は、共通の原理から着想されている。それらの機関が引き合いに出す文化というものは、そのもっとも広い意味において理解されるべきで、それらの機関は、いかなる住民の層から発せられた表明であれ、芸術的表現や文化の尊厳を知らしめるように努めねばならない。多様性には限界がないが、それほどまでに資料はある標本から他の標本にかけて異なっている。それらの機関は自らのうちに閉じこもることなく、受け入れかつ与えていかねばならない。

（訳：岩手大学　後藤尚人氏）

4.1.4 フランスのエコミュージアム

　フランスでは多くのエコミュージアムが、住民によるアソシアシオン（Association = 共同体）、日本でいえばNPOや公益法人にあたるような非営利の組織によって運営されています。アソシアシオンは、1901年成立のAssociation法に基づいて設置された組織で、学術関係者、利用者、管理者の3つの母体から選ばれたそれぞれの代表者が、運営委員会を組織します。

　それぞれのエコミュージアムを特徴づけるのは、テリトリーと呼ばれる領域の設定の仕方です。フランスには複数の地方行政組織にまたがるような広大な地域をテリトリーの範囲としたエコミュージアムがあります。

　ここではフランスのエコミュージアムの例を紹介しましょう。

実例　ブレス・ブルギニョン・エコミュゼ

　ブレス・ブルギニョン・エコミュゼは広域型のエコミュージアムです。スイスにほど近いブルゴーニュ地方の東部にある面積およそ

4.1　地域資源の保存と活用　**175**

1690 km² の地域です。115 のコミューン（地方自治体）があり、人口は約7万人ほどです。産業の中心は農業でしたが、若者の流出による人口減少や経済的苦境を解決するため、新たなとりくみを進める必要がありました。

エコミュージアムづくりのための予備調査がはじめられたのは1980 年、翌 81 年 10 月には準備委員会が立ち上げられました。また地域の歴史、建築、科学関係の遺産などの完全な目録を作成するために常任の作業班が設置され、115 のコミューンのそれぞれについて、財産目録が作成されました。そして「地域の記憶」と興味を呼び起こす特別企画展が催され、1984 年には特別分散展が開催されています。

1984 年から 88 年にはテーマ別のサテライトが開設され、85 年の 6 月にはブレス・ブルギニョンの伝統的生活の諸相に関する常設展示がコア施設であるピエール・ド・ブレス城の中に設けられました（**図 1**、**図 2**）。また 19 世紀の部屋が忠実に復元されました。1993 年には売店やカフェ、特別展示室、講座室が設けられ、一応の諸施設は完成したことになります。

コア施設であるピエール・ド・ブレス城への年間来館者数は 3 万人ほどで、サテライト施設（**図 3**、**図 4**、**図 5**）についてはその半数の 1 万 5 千人ほどです。世界的に成功しているエコミュージアムのひとつといえるでしょう。

図 1　ピエール・ド・ブレス城
〔写真提供：大原一興氏〕
コア施設。2階と3階が展示室、1階が事務室や会議室、売店、カフェ、収蔵庫に改装された。

図 2　展示品の例

図3　サテライトの例①
廃校になった小学校を転用した
「森と木の博物館」

図4　サテライトの例②
来館者がわら椅子づくりに参加できる。
実演はボランティアによる。

図5 サテライトの例③
旧新聞社の印刷機。現在も印刷することが
でき、それを実演して見せてくれる。

　この地域は太古の時代は海底にあったため粘土質の土壌をもっています。テリトリーはこの点に注目して設定されたため、115ものコミューンにまたがる広大な領域になりました。つまりこの土壌に基づいて形成された文化圏が、エコミュージアムのテリトリーとなっているのです。

実例　クルゾー・モンソー・レ・ミーヌ・エコミュゼ

　クルゾー・モンソー・レ・ミーヌ・エコミュゼはパリとリオンの中間あたりに位置するエコミュージアムです。
　この地域は約500 km^2、16のコミューンがあり、人口は約15万

4.1　地域資源の保存と活用　177

図1　ガラス工場
会議室や集会所、エコミュージアムの事務所として使用されている。

図2　運河の博物館

人です。石炭と鉄鋼業が盛んな地域でしたが、1960年代以降は著しく衰退し、今後どのように産業を発展させていくのか、どのように16のコミューンをまとめるのかという問題を抱えながら、エコミュージアムはスタートしました。

　このエコミュージアムは数あるエコミュージアムのなかでも先進的で新しい試みを行ってきています。そのなかでも、現在のエコミュージアムの考え方に一石を投じ、インパクトを与えたのが、コア施設とサテライトの関係を見直したことです。先に述べたようなコアとサテライトの上下関係から、対等な関係へと変えられました。コアとサテライトというヒエラルヒー構造からネットワークあるいはパートナーとしての関係になっています（図1、図2）。

4.1.5 日本のエコミュージアム

　日本では数多くのエコミュージアム活動が行われていますが、その数を把握するのは容易ではありません。なぜならエコミュージアムと名乗っていなくても事実上同様の活動を行っていたり、逆にエコミュージアムと呼んでよいものかと思われる場合もあるからです。

　ここでは日本のエコミュージアムの例を紹介します。

実例 あさひまちエコミュージアム

　日本のエコミュージアムの第1号といってよいのは山形県朝日町のあさひまちエコミュージアムです。朝日町は山形県の中西部に位置し、町の4分の3が山地であり、東部を最上川が流れる自然豊かな町ですが、典型的な過疎地域でした。住民からの意見をもとに、1988年にasahi自然観という町営の自然体験のための宿泊施設がつくられたのをきっかけにして、1995年にはエコミュージアム研究機構が設立され、活発なエコミュージアム活動が現在も進められています。

　あさひまちエコミュージアムは、①朝日連峰エリア、②朝日川エリア、③空気神社エリア（**図**）、④佐竹家エリア、⑤八ツ沼エリア、

図　空気神社

⑥椹平の棚田エリア、⑦豊龍神社エリア、⑧館山エリア、⑨世界のりんご園エリア、⑩沢内エリア、⑪杉山と長谷地エリア、⑫五百川峡谷エリア、⑬大沼浮島エリア、⑭秋葉山エリア、⑮大隅遺跡エリア、⑯朝日町ワインなどのエリアごとに、蜂蜜でろうそくをつくるビーズファーム（みつばちろうそく工房）、やブナ林の中に5m四方のステンレスを置いて、空気や豊かな自然に感謝する空気神社といったユニークなサテライトなどを設けています。

実例 金目エコミュージアム

　前の実例で出したあさひまちエコミュージアムが日本のエコミュー

ジアムのなかで「老舗」といえるとすれば、ここでご紹介する金目エコミュージアム（**図1**）はかなり新しく、構想そのものも平成になってからのものになります。2005年に平塚市のなかで職員からエコミュージアム設置の提案が行われ、その後、東海大学との協議などを進めつ

図1　金目エコミュージアムの本拠地「平塚市立金目公民館」

つ、金目地区にかかわる諸機関（自治会や公民館、JA湘南、教育関係者など）との調整を重ね、住民と市との協働で2007年に推進委員会が設置されたのがそのはじまりです。

　金目地区は神奈川県平塚市の西部、丹沢山系に源を発する自然豊かな地域であり、県のなかでも農業地域として有名な場所です。この地域は坂東三十三ヶ所観音霊場の札所のひとつ「金目山光明寺（金目観音）」（**図2**）や、三郡共立学校開校の記念碑のある日蓮宗の寺院「宗信寺」、またキリスト教の伝道所として置かれた、現在では日本キリスト教会の教会となっている「金目教会」、それに関連したキリスト教共同墓地などがあります。そのほかにも平塚市内唯一の木橋である「前河原橋」（**図3**）や徳川家康が築堤を命じたとされる「御所様堤」などがあり、この木橋の下流には桜が植えられ、春には花見でにぎわい、遠景には富士山が望め、その堤の河川敷では自然観察会が行われ

図2　坂東三十三ヶ所観音第七番札所「金目山光明寺（金目観音）」

図3　平塚市内唯一の木橋「前河原橋」

ていて、歴史的な資源だけではなく、自然も豊かでそれを楽しむことができるエコミュージアムとなっています。

　当初は「エコミュージアム金目まるごと博物館」という名称でしたが、現在は「金目エコミュージアム」と改称し、地域の資源（資料）を現地で保存し、住民が参加して地域を見直し、発展をめざして運営を行っています。このエコミュージアムには「歴史・文化部会」「自然・景観部会」「産業部会」「情報・イベント部会」の4つの部会があり、金目地区内外の会員がこれらの部会に属しながら活動をしています。

　この金目エコミュージアムの特色として東海大学の博物館学芸員課程の教育にも大きな役割を果たしている点があげられます。日本の博物館政策において地域の観光や地域づくりにも目配りが求められるようになった今、大学のある地域を教材として学芸員の教育を行い、地域とのかかわりをさまざまな観点から見て、考える機会を設けることは重要になってきています。

4.1.6　自然環境の保護

　歴史的環境も自然環境も重要な地域資源です。当然、町並みや埋蔵文化財といった歴史的環境だけではなく、自然環境も保護していかなければなりません。

　私たちは20世紀後半の地球において自然環境の大規模な破壊を行いながら開発を進めていきました。それによって人類の生存エリアが拡大すると同時に、多くの生物種が絶滅の危機に立たされ、生物の多様性を揺るがす状況を招いています。事態をこれ以上悪化させないよう、博物館もさまざまなとりくみを行い、学芸員として自然環境のためのとりくみについて知っておかなければなりません。

　国際的な枠組みのなかで自然環境の保護を図り、生物多様性の維持や種の保存を図っていくために「世界の文化遺産及び自然遺産の保護に関する条約（世界遺産条約）」や「生物の多様性に関する条約（生物多様性条約）」「絶滅のおそれのある野生動植物の種の国際取引に関する条約（ワシントン条

約）」「特に水鳥の生息地として国際的に重要な湿地に関する条約（ラムサール条約）」などが採択・発効されています。

　生物多様性条約は 1992 年に 5 月に採択され、93 年 5 月に日本は締結しています（条約の発効は 93 年 12 月）。この条約は、①生物の多様性の保全、②生物多様性の構成要素の持続可能な利用、③遺伝資源の利用から生じる利益の公正で衡平な配分（Access and Benefit Sharing：ABS）を目的としており、3 つのレベルでの多様性—①生態系の多様性、②種の多様性、③遺伝子の多様性をうたっています。また種の多様性を維持していくために先進国の資金により開発途上国のとりくみを支援するしくみも設けられています。

　ワシントン条約は 1973 年 3 月に採択、75 年 7 月に発効され、日本は 80 年 11 月に締結しています。この条約は野生の動植物の国際取引がこれらの乱獲を招かないよう、また種の存続が脅かされないように取引を規制するためにつくられました。日本ではこの条約を受けて 1987 年に「絶滅のおそれのある野生動植物の譲渡の規制等に関する法律」が制定され、さらにこれを発展させて 1992 年に「絶滅のおそれのある野生動植物の種の保存に関する法律（種の保存法）」が制定されています（93 年 4 月 1 日施行）。

　学芸員として、博物館（ミュージアム）の側から何ができ、何に気をつけなければいけないのでしょうか。博物館には博物館資料の収集を進め、重要な資料を保存し、学術資料として蓄積していく使命がありますが、博物館資料の収集を進めていくにあたっては自然環境に悪影響を及ぼさないようにしなくてはなりません。人類の乱獲によって多くの生物が地上から姿を消し、現在の状況になっているのですから、これ以上ほかの生物への影響が拡大しないようにしなくてはなりません。先述の条約などでは大学や博物館などにおける資料収集を例外的に認めていることがあります。しかし、その際には乱獲しないように配慮しながら、収集する機関の間で調整をして、効果的な展示を行っていくこともまた必要となってきます。自館園の利害にとらわれず、種の保存を他館園と連携していくことが重要になります。

4.2 ひろがる 博物館の役割

　文部科学省や文化庁の諮問機関である文化審議会の文化財分科会企画調査会が2007年に「歴史文化基本構想」を提唱し、また日本社会の大きな変化の波を受けて、日本の文化財や博物館の政策はその後大きく変わることとなりました。その点は本テキストの第1章「1.1　文化財保護法の歴史」において文化財保護法や博物館法の改正の部分でも触れられているとおりです。都道府県や市町村といった地方公共団体が各々の自治体において文化財や博物館の総合的な計画を立て、これからの具体的な地域づくりを文化財や博物館も含めてどう考えるかが求められるようになりました。そしてこのような変化を受けて、文化芸術振興基本法（2001年制定）が2017年に改正されて法律の名称も「文化芸術基本法」と改称されました。またその後、文化財保護法（2019年（平成31年）4月施行）、博物館法（2023年（令和5年）4月施行）も改正が行われていくことになります。これらの背景には日本の新たな経済政策、そして急激な「少子高齢化」があります。まず経済政策においては新たに「観光」に目が向けられ、日本国内の博物館や文化財を観光に資する重要な資源ととらえて、その活用を図るとともに国内外に発信をしていきながら、観光客を呼び込んでいくことを狙ったものです。この点は2回目の東京オリンピックと大阪・関西万博と絡ませながら、文化財政策においては「日本遺産」事業と連動させて進められてきました。一方で現在の先進諸国では急激な「少子高齢化」が進んでいることは皆さんよくご存じのことと思います。ニュースでもこの点は日本の人口が2056年には1億人を割るということが報道され（国立社会保障・人口問題研究所による）、このままでは日本の国自体を支えること自体が難しくなってくることが考えられます。そこで人口減少を食い止めながら、経済的な面だけではなく、文化財や博物館が地域の振興にも大きくかかわることが求められることになりました。よって、いま私たちの文化財や博物館は社会においてさまざまな役割を求められているのです。

　また従来の博物館では、「有形」の、考古資料や美術品など、つまり形

のある資料を扱うことが前提でしたが、現在の国際的な博物館の考え方では博物館は「有形」「無形」の資料を扱うこととされており、その扱う資料の考え方も大きく広がってきています。

2022年のICOM（国際博物館会議）のプラハ大会においては、2019年の京都大会での採択が延期された博物館の定義の再検討が改めて行われ、次のように改訂されました。

＜博物館の新たな定義（ICOM プラハ大会で採択された定義）＞

"A museum is a not-for-profit, permanent institution in the service of society that researches, collects, conserves, interprets and exhibits tangible and intangible heritage. Open to the public, accessible and inclusive, museums foster diversity and sustainability. They operate and communicate ethically, professionally and with the participation of communities, offering varied experiences for education, enjoyment, reflection and knowledge sharing."

「博物館は、有形及び無形の遺産を研究、収集、保存、解釈、展示する、社会のための非営利の常設機関である。博物館は一般に公開され、誰もが利用でき、包摂的であって、多様性と持続可能性を育む。倫理的かつ専門性をもってコミュニケーションを図り、コミュニティの参加とともに博物館は活動し、教育、愉しみ、省察と知識共有のための様々な経験を提供する。」

（ICOM 日本委員会　確定訳）

このように博物館は日本だけではなく世界においても「有形」「無形」を問わず、さまざまな資料（文化財）をとり扱い、その保存と活用を図りながら、この社会の、この世界を少しでもよい方向に導いていく役割を求められているのです。

基本用語　日本遺産とは

「日本遺産（Japan Heritage）」とは「地域の歴史的魅力や特色を通じてわが国の文化・伝統を語るストーリーを通じて文化庁が認定するもの」で、「ストーリーを語るうえで欠かせない魅力溢れる有形や無形のさまざまな文化財群を、地域が主体となって総合的に整備・活用し、国内だけではなく海外へも戦略的に発信していくことにより、地域の活性化を図ることを目的」としたものです。ストーリーには単一の市町村内で完結する「地域型」と複数の市町村にまたがって展開する「シリアル型」があります。「ストーリー」というやり方で行うのはこれまでの文化財政策のなかでも異例のスタイルで、東京オリンピック開催予定だった2020年までに100を認定する予定でしたが、最終的に104が認定されました。

〈参考文献〉

1) 丹青研究所 編:『ECOMUSEUM』、丹青研究所(1993)
2) 新井重三:『【実践】エコミュージアム入門』、牧野出版(1995)
3) 大原一興:『エコミュージアムへの旅』、鹿島出版会(1999)
4) 川村恒明 監修・著、根木 昭・和田勝彦 編著:『文化財政策概論—文化遺産保護の新たな展開に向けて—』、東海大学出版会(2002)
5) 小林真理 編:『文化政策の現在 3　文化政策の展望』、東京大学出版会(2018)

〈参考 Web サイト〉

文化庁:
https://www.bunka.go.jp/

ICOM 日本委員会:
https://icomjapan.org

付録　年表

西暦	元号（年）	ことがら
1868	明治元	神仏分離令が布告される。
1871	明治4	古器旧物保存方が布告される。
1872	明治5	文部省が博覧会を湯島聖堂にて開催する。
		終了後、文部省博物館（現在の東京国立博物館）として開館する。
1877	明治10	大森貝塚が発掘される。出土遺物（土器、骨器など）の化学分析が行われる。
1882	明治15	農商務省博物館が上野公園に移転する。
1889	明治22	図書寮附属博物館が帝国東京博物館へと改称される。
		帝国京都博物館、帝国奈良博物館が開館する。
1897	明治30	古社寺保存法が制定される。
1900	明治33	東京、京都、奈良の帝国博物館が帝室博物館と改称される。
1916	大正5	法隆寺金堂壁画の科学的調査がはじまる。
1919	大正8	史跡名勝天然紀念物保存法が制定される。
1923	大正12	関東大震災が起こる。震災により、東京帝室博物館が損害を受ける。
1929	昭和4	国宝保存法が制定される。
1930	昭和5	帝国美術院に附属美術研究所（現在の東京文化財研究所）が設立される。
1933	昭和8	重要美術品等ノ保存ニ関スル法律が制定される。
1939	昭和14	法隆寺昭和大修理（文部省）に先立ち、壁画保存調査会が発足する。
1940	昭和15	東京帝室博物館にて皇紀2600年記念正倉院御物特別展が開催される。
1945	昭和20	太平洋戦争が終結する。
1947	昭和22	法隆寺金堂壁画保存調査が行われる。
1949	昭和24	法隆寺金堂壁画模写作業において不祥事により火災が発生する。〔1月26日〕
1950	昭和25	文化財保護法が制定される。文部省に文化財保護委員会が設置される。
1951	昭和26	博物館法が制定される。
		法隆寺金堂焼損壁画の修理が一部完了する。
1964	昭和39	東京文化財研究所 保存科学部 部報『保存科学』の発行がはじまる。
1966	昭和41	古都保存法が制定される。
1968	昭和43	文部省法の一部改訂、文化財保護委員会が廃止され文化庁となる。
1972	昭和47	高松塚古墳壁画が発見される。
1973	昭和48	虎塚古墳壁画が発見される。
1975	昭和50	伝統的建造物群保存地区の制度が発足する。
1980	昭和55	明日香村特別措置法が制定される。
1992	平成4	日本が世界遺産条約を締結する。
1995	平成7	阪神・淡路大震災が起こる。
2005	平成17	文化財保護法において6つ目のカテゴリーとして「文化的景観」が新しく加わる。
2011	平成23	東日本大震災が起こる。〔3月11日〕
2016	平成28	熊本地震が起こる。〔4月14日〕
2019	平成31	改正された文化財保護法が施行される。
2023	令和5	改正された博物館法が施行される。
2024	令和6	能登半島地震が起こる。〔1月1日〕

索引

和文

あ行

相剥ぎ　135
亜鉛華　145
校倉呼吸説　93
校倉造り　29
アセトアルデヒド　52
アソシアシオン　175
亜麻仁油　9, 52
アメリカ文化財修復保存学会（AIC）　18
アルカリ性（中性）紙　129
アルコール温度計　25
アルデヒド　52, 53
泡消火設備　105
安全性　128
アンテナ　173
アンモニア　52

硫黄酸化物　8
一酸化炭素　50
色温度　40

ヴァンダリズム　107
ウェットクリーニング　134
ヴェニス憲章　18
ウォールウォッシャ方式　43
浮世絵　139
薄葉紙　156

打紙　131
裏打ち　151
裏彩色　137
ウレタンフォーム　158

エアーキャップシート　156
エアフィルタ　30, 58
エコミュージアム　172
エコミュゼ　172
絵具層　141
褻衣香　84
エミシオグラフィ　131
演色性　40
塩類風化現象　13

屋外文化財　13
汚染ガス　8
汚染濃度　61
汚染物質　7
オゾン層　9, 69
温湿度基準　28
温湿度制御　7
温湿度データロガー　26
温度処理　73

か行

海塩粒子　8, 52, 54
外気　61
回避（Avoid）　58, 69
可逆性　128
掛軸　136
加工材料　110
火災　105
過酸化水素水　136
火山性ガス　51

加湿器　30

ガス吸着シート　59, 62

ガスクロマトグラフ - 質量分析計（GC-MS）
　　　　　　　　　　　　　　　119

ガス燻蒸　74

ガス系消化設備　105

ガス検知管法　56

ガス除去フィルタ　58, 62

活性炭　62

活用　171

加熱コイル　30

カビ　6, 67

カビ対策マニュアル　79

カビの不活性化　78

カビの防除　75

過マンガン酸カリウム　136

画面洗浄　149

枯らし　58

ガラス　110

唐櫃　29, 82

換気　61

還気　52

環境の履歴　155

環境博物館　172

還元漂白　136

監視カメラ　107

乾性カビ　28

乾性油　140, 145

カンバス　146

顔料　130, 140

顔料検査法　143

機器校正　26

ギ酸　52, 53

絹絵　137

記念物　5

黄蘗染め　83

揮発性有機化合物（VOC）　50

忌避剤　84

給気　61

吸放湿性　29

凝灰岩　14

記録　129

均斉度　46

金属材料　110

空調　30

空調機　7, 30, 61

空調設備　60

倉　80

クリーニング　134

クリモグラフ　27

グレア　45-47

クロスセクション　143, 144

クロラミン T　136

燻蒸　69, 88

燻蒸剤　74

蛍光 X 線装置　6

蛍光 X 線分析計（XRF）　113

蛍光 X 線分析法　144

蛍光灯　42

経年劣化　145

結露　24

原形保存　128

現代美術　6

コア　173

ゴアテックスシート　133

高温処理　73

叩解　131

光化学オキシダント　50

光学顕微鏡　113

光学顕微鏡撮影　142

光源　34

光源スペクトル　35

合成材料　110

構造調査　110

高速液体クロマトグラフィー（HPLC）
　　　　　　　　　　　　　　　　　119

コウチュウ目　63

行動規範　20

高分子材料　110

古器旧物保存方　2

ゴキブリ目　66

国際記念物遺跡会議（ICOMOS）　17

国際照明委員会（CIE）　35

国際博物館会議（ICOM）　28, 172, 184

国際文化財保存学会（IIC）　28

国宝　2

古社寺保存法　2

コラージュ作品　146

コンクリート　59

昆虫上綱　63

昆虫トラップ　89

梱包　156

梱包用緩衝材　158

さ行

サーミスタ温度計　25

材質調査　110, 120

彩色材料分析　120

酢酸　52

殺虫処理　71

サテライト　173

酸アルカリ雰囲気問題　52, 55

酸化エチレン　69, 74

酸加水分解　133

酸化漂白　136

酸化プロピレン　74

三次元蛍光分光分析法　115

酸性紙　129

サンブリーチ法　136

サンプリング調査法　117

シーズニング　→　慣らし

紫外線　8

紫外線蛍光検査　142

紫外線蛍光撮影　142

紫外線蛍光分光装置　131

紫外線照度　38

ジクロルボス（DDVP）　71

地震　105

自然環境　172

自然環境保護　181

シックハウス　50

湿性カビ　28

実体顕微鏡　130

室内汚染物質　50

シミ目　64

湿り空気線図　24

遮断（Block）　58, 69

臭化メチル　69, 89

重色技法　126

収蔵庫　30

充填剤　149

充填整形　152

修復　129

修理　129

種の保存法　182

馴化　74, 155

順応　48

消化栓設備　105

硝酸　54

正倉院　80, 81

正倉院宝物　81

照度　8, 35, 38

樟脳　84

照明　34

除湿器　31

シリカゲル　159

試料採取調査法　117

シロアリ目　66

白薄葉紙　156

真菌類　67

真空凍結乾燥　107

ジンクホワイト　145, 146

侵入防止　107

神仏分離令　2

水害　106

水銀温度計　25

推奨照度　38

漉嵌め　135

ストリップライニング　151

ストレッチャー　150

スプリンクラー　105

スポットライト方式　43

正圧　75

生物生息調査　67

生物多様性　181

生物多様性条約　181

生物の多様性に関する条約　181

生物被害　63

精密法　56

ゼオライト　159

世界遺産条約　181

世界の文化遺産及び自然遺産の保護に関する条約　181

赤外線撮影　131

赤外線反射撮影　142, 144

赤外線分光分析法　116

赤外線分光法（IR 法）　6

積算照度　48

石造文化財　13, 14

絶対湿度　22

接着剤　151

絶滅のおそれのある野生動植物の種の国際取引に関する条約　181

絶滅のおそれのある野生動植物の種の保存に関する条約　182

セルロース　132

洗浄剤　149

染料　131

総裏紙　137

象嵌技法　125

装潢　136

総合的有害生物管理（IPM）　9, 68, 69

走査型電子顕微鏡（SEM）　117

相対湿度　22

ゾーニング　69

側光線撮影　142

損傷関数　35

た行

大気汚染　50

大気環境基準　50

対処（Respond）　58, 69

題箋　66

脱塩処理　106

脱酸性化処理　133, 135

脱酸素剤　72

炭素14年代法　131

地域資源　170

地球温暖化　10, 16

窒素酸化物　8

チャタテムシ目　64

調湿剤　4, 31, 159

チョウ目　66

チョーキング　146

低温馴化　73

低温処理　73

低酸素濃度処理　72

ディスカバリートレイル　173

デジタル顕微鏡　130

テリトリー　175

電球　→　白熱電球

展示ケース照明　44

展示室　30

展示室照明　43

展示収蔵施設　10

電磁波　34

展色材　130, 133

伝統的建造物群　5

天然材料　110

点滅制御　46, 48

透過型電子顕微鏡（TEM）　119

凍結劣化現象　14

凍上現象　14

動線計画　48

盗難　107

東北地方太平洋沖地震　96

特に水鳥の生息地として国際的に重要な湿
　　地に関する条約　182

特別保護建造物　2

図書館管理法　81

土用干し　81

ドライクリーニング　106, 134

な行

内装材　51

ナイロン綿　158

ナフタリン　71

慣らし（シーズニング）　11, 24, 155

二酸化硫黄　50, 52, 53

二酸化炭素処理　71

二酸化窒素　50

二次電子　117

日本遺産　184

年間積算照度　38

は行

媒剤　119, 141

バイメタル温度計　25

ハエ目　66

白亜化　146

白色地塗り層　141

バクテリア　6

白熱電球　41

剥落止め　133

曝涼　80

肌裏紙　137

ハチ目　66

白金抵抗温度計　25

発見（Detect）　58, 69

パッシブインジケータ法　55

パラジクロロベンゼン　71

ハリソンの損傷関数　36

ハロゲン消化設備　105

ハロゲン電球　41

版画　139

犯罪　107

阪神・淡路大震災　96

ハンドアイロン　150

光天井方式　43

曳山博物館　29

非破壊検査法　112

比表面積　31

兵庫県南部地震　105

漂白　136

ピレスロイド系　71

ピレトリン　71

フィルムエンキャプセレーション　135

フォクシング　136, 140

不活性ガス消化設備　105

フッ化スルフリル　74

復帰（Recover/Treat）　58, 69

浮遊粒子状物質　50

プラスチック　6

フラットニング　133

ブリッジ　150

文化財ハザードマップ　104

文化財保護　2

文化財保護法　3

文化財保存修復学会　20

文化的景観　5

分光分布　35, 36

粉塵　51

粉末消化剤　105

ペインティングナイフ　146

ペーパースプリット　135

変退色損傷係数　37

放火　107

放射温度計　25

防虫効果　83

防虫剤　71

防犯警報装置　108

防犯照明　108

防犯対策　107

法隆寺金堂壁画　3, 104, 170

飽和水蒸気量　23

保護　171

保護紙　137

保護ワニス　141, 153

補彩　149, 153

保存　171

保存科学　3

保存科学者　19

保存環境　19

保存修復者（conservator）　18

保存専門家　19

ポリエチレンフォーム　158

ホルムアルデヒド　50, 52

ま行

埋蔵文化財　170

巻クラフト紙　156

巻白薄葉紙　156

巻防水紙　156

巻物　136
増裏紙　137
マッティング　140

水系消化設備　105
密閉梱包　4, 163
美濃紙　84
民俗文化財　5
無機材料　110
無機物　6
無形文化財　5
虫除紙　84
無侵襲性　129

メディウム　119, 141
目止め層　141
免震台　103
免震対策　103

毛髪湿度計　26

や行

野外博物館　170

有機材料　110
有機酸　52, 53
有機染料　131
有機物　6
有形文化財　5
油彩画　149

養生　156
予防的保存　8, 19, 69, 129

ら行

ラマン分光法　6
ラミネーション　135
ラムサール条約　182

リーフキャスティング　135
硫化水素　52, 54
料紙　83
臨時全国宝物取調局　2
倫理　18
倫理規定　18

ルースライニング　152
ルーペ　130

冷却コイル　30
歴史的環境　171
劣化調査　110, 123
劣化要因　7, 13
レンガ　13

露点　22

わ行

ワシントン条約　182
ワックス　153
ワニス　145

欧　文

AIC　→　アメリカ文化財修復保存学会

Avoid　→　回避

Block　→　遮断

CIE　→　国際照明委員会

conservator　→　保存修復者

Detect　→　発見

EPMA　→　X線マイクロアナライザー

GC-MS　→　ガスクロマトグラフ-質量分析計

HEPA フィルタ　69, 70, 79

HPLC　→　高速液体クロマトグラフィー

ICOM　→　国際博物館会議

ICOMOS　→　国際記念物遺跡会議

IIC　→　国際文化財保存学会

IPM（Integrated Pest Management）
　→　総合的有害生物管理

LED（Light Emitting Diode）　42

ppb　57

ppm　57

Preventive Conservation
　→　予防的保存

Recover/Treat　→　復帰

Respond　→　対処

SEM　→　走査型電子顕微鏡

TEM　→　透過型電子顕微鏡

VOC（volatile organic compounds）
　→　揮発性有機化合物

XRF　→　蛍光X線分析計

X線 CT　→　X線コンピュータトモグラフィー

X線 CT 像　124

X線 CT 装置　6

X線回折装置　6

X線コンピュータトモグラフィー（X線CT）
124

X線透過撮影　124, 142

X線透過写真　131

X線透過像　124, 126

X線マイクロアナライザー（EPMA）　144

編著者紹介

石﨑　武志（理学博士）

1980 年、北海道大学理学研究科地球物理学専攻博士課程中退、東京ガス株式会社技術研究所、北海道大学低温科学研究所を経て、1996 年、東京国立文化財研究所保存科学部物理研究室長。その後保存科学部長、保存修復科学センター長、副所長、東京藝術大学大学院美術研究科連携教授、東北芸術工科大学教授。
現在、東京文化財研究所名誉研究員、東北芸術工科大学客員研究員。
専門は、保存科学、地盤工学。

NDC709　　　203p　　　21cm

博物館資料保存論　第 2 版　　学芸員の現場で役立つ基礎と実践

2024 年 10 月 23 日　　第 1 刷発行

編著者　　石﨑武志
発行者　　篠木和久
発行所　　株式会社　講談社
　　　　　〒 112-8001　東京都文京区音羽 2-12-21
　　　　　　　販　売　(03) 5395-4415
　　　　　　　業　務　(03) 5395-3615

KODANSHA

編　集　　株式会社　講談社サイエンティフィク
　　　　　代表　堀越俊一
　　　　　〒 162-0825　東京都新宿区神楽坂 2-14　ノービィビル
　　　　　　　編　集　(03) 3235-3701
本文データ制作　株式会社エヌ・オフィス
印刷・製本　株式会社ＫＰＳプロダクツ

落丁本・乱丁本は、購入書店名を明記のうえ、講談社業務宛にお送りください。送料小社負担にてお取替えします。なお、この本の内容についてのお問い合わせは、講談社サイエンティフィク宛にお願いいたします。定価はカバーに表示してあります。

© Takeshi Ishizaki, 2024

本書のコピー、スキャン、デジタル化等の無断複製は著作権法上での例外を除き禁じられています。本書を代行業者等の第三者に依頼してスキャンやデジタル化することはたとえ個人や家庭内の利用でも著作権法違反です。

JCOPY　〈（社）出版者著作権管理機構委託出版物〉

複写される場合は、その都度事前に（社）出版者著作権管理機構（電話 03-5244-5088、FAX 03-5244-5089、e-mail: info@jcopy.or.jp）の許諾を得てください。

Printed in Japan

ISBN 978-4-06-537479-5